Koziol, Badener und Württemberger

Klaus Koziol

Badener und Württemberger

Zwei ungleiche Brüder

Konrad Theiss Verlag

CIP-Kurztitelaufnahme der Deutschen Bibliothek

Koziol, Klaus:
Badener und Württemberger: 2 ungleiche Brüder/Klaus Koziol.
Stuttgart: Theiss, 1987.
ISBN 3-8062-0402-0

Schutzumschlag: Jürgen Reichert, Stuttgart

© Konrad Theiss Verlag GmbH, Stuttgart 1987
Alle Rechte vorbehalten
ISBN 3-8062-0402-0
Gesamtherstellung: Ebner Ulm
Printed in Germany

Inhalt

6

Vorwort

»Wir sind Pflanzen, die – wir mögen's uns
gerne gestehen oder nicht – mit den
Wurzeln aus der Erde steigen müssen, um
im Äther blühen und Früchte tragen zu
können.«
Johann Peter Hebel

Jedes Buch hat seine Geschichte, dokumentiert ein Stück
Lebensgeschichte des Autors. Auch im vorliegenden
Buch gibt es zahlreiche Beziehungen zwischen Thema,
Buch und Autor: So ist dieser im Württembergischen
geboren, im Badischen zur Schule gegangen, hat im
Württembergischen studiert und ist nicht zuletzt mit
einer Badenerin verheiratet. Land und Leute, Badener
und Württemberger, kennt er somit nicht nur aus Bü-
chern, sondern aus täglicher Anschauung. Das tägliche
Zusammenleben mit Badenern und Württembergern
führte nahezu von selbst zu der Frage, warum sie so sind,
wie sie sind – die Badener und die Württemberger.
Ein weiterer Anlaß für die Beschäftigung mit diesem
Thema war ein wissenschaftlicher[1]: zu zeigen, daß wis-
senschaftliche Erkenntnisse nicht nur blanke Theorie
bleiben müssen, sondern durchaus dem täglichen Miteinander dienen können. Es galt zu zeigen, daß sie
Anstöße für ein Nachdenken zu bieten vermögen über
unsere Mitmenschen, unsere Umwelt und unser Zusammenleben; ein Nachdenken nicht zuletzt auch über uns
selbst und unsere Verwurzelung mit dem Fleckchen Erde,
von dem wir stammen.

Dieses »Woher« und »Warum« ist durchgängiges Thema dieses Buches; denn – wie Odo Marquard sagt –: Der Mensch muß »stets überwiegend das bleiben, was er geschichtlich schon war: er muß ›anknüpfen‹. Zukunft braucht Herkunft«.

Einleitung

Der deutsche Südwesten besteht in seiner jetzigen politischen und territorialen Gestalt erst seit 1952. Auf dem Boden der ehemals selbständigen Länder Baden und Württemberg (und den Hohenzollerschen Landen) entstand zu jener Zeit das Bundesland Baden-Württemberg. Badener und Württemberger, die jahrhundertelang eigene Wege gingen, wurden nun in einem gemeinsamen Bundesland vereint.

Heute stellt niemand mehr ernsthaft diese Einheit in Frage, und doch war die Vereinigung der beiden »ungleichen Brüder« eine schwierige Geburt. Zu unterschiedlich waren die Teile, die zu einem einheitlichen Ganzen zusammengefügt werden sollten; zu groß die gegenseitigen Abneigungen. Das Gefühl des Anders-Seins ist jedenfalls den Badenern wie den Württembergern, den »Gelbfüßlern« wie den »Sauschwoba«, durchaus bekannt – und dies auch noch gut 30 Jahre nach der Vereinigung zum neuen Bundesland. Selbst scheinbare Kleinigkeiten wie Autoaufkleber – »s' gibt Badische und Unsymbadische« oder »Schwoba schaffa – Badener denke!« – dokumentieren dies. Unterschwellig vorhanden ist es eben doch noch, das eher abfällige »Die da drüben« – hüben wie drüben.

Damals beim Zusammenschluß zog vor allem die südbadische CDU massiv gegen die Württemberger vom Leder, und dies nahm bisweilen groteske Formen an:»Der frühere Reichskanzler Joseph Wirth, ein ›Altbadener‹ erster Ordnung, erzählte in einer Versammlung von einem Gräberfund bei Freudenstadt: Die Gelehrten hätten sich darüber gestritten, ob das Skelett keltischen oder alemannischen Ursprungs sei. Schließlich habe eine aus Berlin herbeigeholte Kapazität die Knochenreste einwandfrei einem Schwaben zugeschrieben, ›weil die Ellenbogen übermäßig stark, ja brutal entwickelt waren‹.«[1] Neben der Anatomie mußte auch noch die Geographie herhalten, um dem anderen zu sagen, was man von ihm hielt. So erklärte der südbadische Staatspräsident Leo Wohleb dem Staatspräsidenten Württemberg-Hohenzollerns Gebhard Müller, daß selbst die Donau einen solchen Widerwillen gegen den Zusammenschluß mit Württemberg habe,»daß sie in dem Augenblick, in dem sie württembergisches Gebiet erreiche, versickere und ins badische Hegau abwandere«[2].

Seit dieser Zeit ist schon viel Wasser die Donau, den Rhein und den Neckar hinuntergeflossen. Und dennoch blieb ein gehöriges Quantum Mißtrauen gegenüber dem jeweils anderen, das daraus resultieren könnte, daß Württemberg und Baden lange Jahre als selbständige Staaten eigene Wege gingen und so die jeweilige Geschichte unterschiedlich geformte politische Kulturen in beiden Ländern entstehen ließ – politische Kulturen, die heute das»politische Leben« in beiden Regionen entscheidend prägen. Wir gehen hierbei von der Annahme aus, daß politische Ideen, Abläufe und Entscheidungen, kurz, daß Politik nicht nur von Verfassungen, politischen Parteien und Institutionen bestimmt wird, sondern auch von Traditionen, Glaubensüberzeugungen, Wertvorstellungen und Gefühlshaltungen der Bürger. Diese »psychologische und subjektive Dimension der Politik« (Lucian W. Pye) wird unter den Begriff der »politischen Kultur« gefaßt.

Im Mittelpunkt des vorliegenden Buches steht somit die Frage, ob sich die jahrhundertelange Eigenstaatlichkeit nicht auch heute noch im sozialen, wirtschaftlichen, kulturellen und eben auch im politischen Leben beider Regionen auswirkt. Mit einem Wort: Wir fragen nach den politischen Kulturen in Baden und (Alt-)Württemberg, wollen deren unterschiedliche Ausformung, deren unterschiedliche Entstehung und Prägekraft ermitteln und in idealtypischer Weise darstellen.

Weshalb betrachten wir nun Baden in seiner Gesamtheit, Württemberg hingegen nur in den Grenzen des ehemaligen Herzogtums, von uns (Alt-)Württemberg genannt? Zur Begründung: Für Baden und dessen gesamte jüngere Geschichte scheint uns nämlich charakteristisch, daß bei der Entstehung der großherzoglich badischen Lande zu Beginn des letzten Jahrhunderts die unterschiedlichsten Kulturen und Traditionen in einem Staat vereint wurden. Baden präsentierte sich als bunt zusammengewürfelter Fleckenteppich, als eine Neuschöpfung aus völlig unterschiedlichen Teilen – ein Umstand, der für die weitere badische Geschichte ausschlaggebend sein sollte.

Dagegen ist das Gebiet des ehemaligen Herzogtums Württemberg durch eine jahrhundertelange Kontinuität gekennzeichnet, die auch nach der Angliederung neuwürttembergischer Gebiete (z. B. Oberschwaben) weiter dominierte und bis heute diese Region entscheidend prägt.

Der interessierte Leser sei auf das letzte Kapitel verwiesen, in dem notwendige theoretische und methodische Fragestellungen zu Begriff und Theorie der politischen Kultur erörtert werden.

(Alt-)Württemberg: Das Land und seine Geschichte

(Alt-)Württemberg: »Es ist das Neckartal von oberhalb Tübingen bis vor die Tore von Heilbronn, mit seinen Seitentälern, worunter bei den wichtigsten, Filstal und Remstal, die Oberläufe zu anderen Territorien gehören. Dazu im Westen die Gäulandschaften, die hinüberleiten in den Schwarzwald, von dessen nördlichen und mittleren Gebirgszügen beträchtliche wirtembergisch sind; den Südosten des Staatsgebiets bilden große Teile der Alb, wo einige Bezirke, die Ämter Münsingen, Blaubeuren und Heidenheim, sich ins Stromgebiet der Donau hinüberstrecken, so auch im Süden die Exklave Tuttlingen.«[1] Wo soll man beginnen, um die Geschichte dieses Landes abrißartig darzulegen?

Zwei markante Begebenheiten, denen für die weitere Entwicklung Württembergs eine entscheidende Bedeutung zukommen sollte und die sich beide zu Beginn des 16. Jahrhunderts ereigneten, mögen als Fixpunkte dienen: Zum einen erreicht hier die »große« Geschichte in Gestalt der Reformation das Land hinter dem Schwarzwald und der Schwäbischen Alb. Zum andern ist ein Vorgang zu benennen, der, eher »hausgemacht«, so gar

15

nicht in das gängige Klischee von Württemberg passen will: Es sind nämlich Schulden, die Herzog Ulrich zu Beginn des 16. Jahrhunderts tätigte, und zwar in einem solchen Ausmaß, daß er das Land an den Rand eines Staatsbankrotts brachte.

Schulden scheinen für ein Land eigentlich nichts Außergewöhnliches zu sein; erwähnenswert ist in diesem Fall jedoch die Art und Weise der Schuldentilgung: Der Landtag und die darin vertretenen Stände übernahmen Ulrichs Schulden. Dieser Landtag, der berühmte Tübinger Landtag (er endete 1514), erreichte als Gegenleistung ein gewisses Mitspracherecht bei der Gesetzgebung wie bei der Steuerbewilligung. Ein weiteres kam noch hinzu: Jeder neue Herzog mußte diesen »Tübinger Vertrag«, wie er genannt wurde, durch einen Schwur wieder erneuern, erst dann huldigten ihm die Stände. Der Tübinger Vertrag »ist für die Dauer von fast drei Jahrhunderten zum Staatsgrundgesetz geworden. (...) Die Geschichte des Herzogtums in diesen Jahren hat immer ein doppeltes Gesicht: hie Fürst – hie Stände. Bei den Ständen ist der Adel nicht mehr vertreten. Es heißt jetzt ›Prälaten und Landschaft‹, also Vertreter der Kirche und Vertreter der Ämter und Städte. Der eigentliche Widerpart des Herzogs ist die Ehrbarkeit, eine Schicht untereinander vielfach versippter Familien, bei denen die einflußreichen und einträglichen geistlichen und weltlichen Ämter in festen Händen gehalten werden«[2].

Der »Tübinger Vertrag« hat formell 291 Jahre Bestand gehabt. Doch auch nach dieser Zeit war der Vertrag nicht vergessen, nicht aus dem Bewußtsein der (politisch aktiven) Bevölkerung verschwunden. Dies wurde vor allem zu Beginn des 19. Jahrhunderts, in den ersten Jahren des Königreiches, deutlich. Der Ruf nach dem »guten alten

Recht« sollte dann die gesamte Verfassungsdiskussion bestimmen. Aber davon später.

Zurück ins beginnende 16. Jahrhundert: Neben dem Aushandeln des Tübinger Vertrages war die Reformation und das Eindringen des evangelischen Glaubens für Württemberg von außerordentlicher Wichtigkeit. Zum einen wurde Württemberg infolgedessen zur Hochburg des Protestantismus im Süden Deutschlands, zum andern überdauerten die Bedeutung und der Einfluß des Protestantismus Jahrhunderte, so daß man für das Gebiet des ehemaligen Altwürttemberg bis nach dem Zweiten Weltkrieg von einem nahezu rein evangelischen Land sprechen kann. Auch gediehen hier evangelische Sonder- und Eigenheiten prächtig, ein Umstand, der deutlich Spuren bei den Menschen dieser Region hinterließ.

Aber diese neue Religion hätte nicht so energisch und wirksam durchgesetzt werden können, wären nicht begleitende gesetzgeberische Maßnahmen hinzugekommen, die durch ihren Zwangscharakter mithalfen, die neuen Lehren im Volke zu verankern: Man denke hierbei an die »Große Kirchenordnung« aus dem Jahre 1559, von vielen neuzeitlichen Historikern als »geniales Gesetzeswerk« bezeichnet. Zu erwähnen sind zudem der Aufbau des Schul- und Erziehungswesens, das vor allem von Herzog Christoph vorangetrieben wurde, und die Kirchenkonvente – Sittengerichte, auf die später ausführlich eingegangen werden muß.

Das 18. Jahrhundert löste mit seinem Absolutismus das mehr oder minder erzwungene Miteinander der Fürsten und Landstände ab. Ungewohnte Zeiten kamen auf Württemberg zu, unruhige Zeiten mit Herrschaftsformen, die vom Nachbarn jenseits des Rheins abgeschaut wurden.

Dann nahm im Jahre 1789 die große politische Umwälzung von Frankreich aus ihren Lauf, die Europa in nahezu jeglicher Hinsicht ein neues Gesicht geben sollte. Im Juni 1796 überquerten die Franzosen den Rhein bei Kehl, schlugen die Österreicher zurück, so daß sich Württemberg gezwungen sah, ein Waffenstillstandsabkommen mit Frankreich zu schließen.

Das Alte Reich war dem neuen Frankreich unterlegen. Dies zeigte sich besonders deutlich im Jahre 1801 im Frieden von Lunéville, der alles Land links des Rheins unter französische Herrschaft brachte. Dieser Friedensschluß war auch der Ausgangspunkt jener napoleonischen »Flurbereinigung«, die vor allem im deutschen Südwesten weitreichende Auswirkungen zeitigte. Denn für die Gebietsverluste links des Rheins sollten die deutschen Fürsten mit Landstrichen rechts des Rheins entschädigt werden. Davon profitierten Baden und Württemberg (neben Bayern) ganz außerordentlich. Württemberg wurde flächenmäßig nahezu dreimal so groß, die Einwohnerzahl erhöhte sich von 600000 auf 1,4 Millionen.

1806 erfolgte dann die Gründung des Rheinbundes, zu dem sich unter dem Schutz Napoleons 16 süd- und mitteldeutsche Staaten (auch Württemberg und Baden) zusammenschlossen. Ebenfalls im Jahre 1806 avancierte Friedrich I. zum König von Württemberg.

Man weiß, das Rad der Geschichte drehte sich, drehte sich gegen Napoleon; die »gute alte Zeit« zu restaurieren war (vor allem auf dem Wiener Kongreß von 1814/15) wieder gefragt. Auch in Württemberg wurde der Ruf laut, doch schloß sich hier dem Ruf nach der »guten alten Zeit« die Forderung nach dem »guten alten Recht« an. Zur Erklärung: König Friedrich von Württemberg mußte dem

1815 auf dem Wiener Kongreß gegründeten Deutschen Bund beitreten. Dies tat er doch mit einigem Unbehagen, da seine und Württembergs Souveränität dadurch eingeschränkt wurden. Artikel 13 der Bundesakte, die einen Teil der Schlußakte des Wiener Kongresses darstellt, verlangte darüber hinaus von den einzelnen Bundesstaaten, daß diese sich »landständische Verfassungen« gaben. Um diesem Vorhaben nun zuvorzukommen, berief der württembergische König 1815 eine Ständeversammlung nach Stuttgart ein, der er sofort in der ersten Sitzung eine ausgearbeitete Verfassung präsentierte. Doch die Stände wollten keine neue, vom König erlassene Verfassung, sondern einen zwischen König und Ständen ausgehandelten Vertrag, ganz im Sinne des Tübinger Vertrags, des »guten alten Rechts«.

Erst 1819 einigten sich König Wilhelm I. und die Stände nach wiederholten Anläufen auf einen neuen Vertragstext. Dazu der »Altrechtler« Ludwig Uhland: »Mancher wird manches vermissen, aber das Wesentliche besteht, vor allem jener Urfels unseres alten Rechts, der Vertrag.« Diese Verfassung, kein Gnadengeschenk des Königs wie in anderen Ländern, beendete in Württemberg die Phase der absoluten Monarchie.

Die nachfolgenden Jahre verliefen in Württemberg ruhig, selbst die französische Julirevolution von 1830 hatte wenig Einfluß auf das politische Leben im Königreich. Auch 1848/49 war man in Württemberg wesentlich weniger »erhitzt«, und schon gar nicht auf den Barrikaden wie etwa in Baden. Der Erfolg der Revolution blieb da und dort gleich bescheiden, ja, der Prozeß der Demokratisierung und Modernisierung erfuhr im nachrevolutionären Baden und Württemberg eine erhebliche zeitliche Verzögerung.

Als Folge des Krieges von 1866 hatte der Deutsche Bund aufgehört zu existieren. Zwar besaß Württemberg jetzt wieder seine politische Souveränität, jedoch schien die Gefahr einer politischen wie militärischen Vereinzelung und Isolierung zu drohen. So kam es zu einer politischen Annäherung Württembergs an Preußen und zur Eingliederung des Landes in das Deutsche Reich. Württemberg wurde dadurch ein Bundesstaat des Kaiserreichs und ging seiner vollen Souveränität verlustig. »Nach der Reichsverfassung erhielt Württemberg im Bundesrat 4, im Reichstag 17 Stimmen; an Reservatrechten hatte es sich die Eisenbahnen, die Verwaltung von Post und Telegraphen zu sichern gewußt, ferner die Besteuerung von Bier und Branntwein, im Militärwesen vornehmlich die Ernennung der Offiziere durch den König.«[3]

Ein weiterer gravierender Einschnitt stand dem Königreich Württemberg – wie ganz Deutschland – in den Jahren 1918/19 bevor. Jahrhundertelang eingeschliffene Herrschaftsformen mußten jetzt Hals über Kopf einer demokratisch-republikanischen Regierungsform weichen, obwohl die Württemberger mit der Monarchie, insbesondere mit ihrem Monarchen, nicht unzufrieden gewesen waren. So war auch die erste Regierungshandlung des ersten württembergischen Ministerpräsidenten der Weimarer Republik, Wilhelm Blos, dem König einen Schutzbrief für eine Fahrt nach Bebenhausen auszustellen, verbunden mit einem Dankschreiben.

Während der Weimarer Republik und der großen Wirtschaftskrisen war Württemberg im Vergleich zu anderen Teilen des Reiches (auf den ersten Blick erstaunlicherweise) von übermäßig hoher Arbeitslosigkeit und einer großen Anzahl von Firmenzusammenbrüchen verschont geblieben.

1933 wurde auch Württemberg im Anschluß an das Ermächtigungsgesetz »gleichgeschaltet«, seine Hoheitsrechte gingen gänzlich auf das Reich über. Württemberg war, wie die anderen Länder, faktisch nur noch Verwaltungsbezirk. Der Landtag störte den nationalsozialistischen Zentralismus, also wurde er aufgehoben.

Nachdem Württemberg von direkten Kampfhandlungen zu Beginn des Zweiten Weltkrieges zunächst verschont geblieben war, sollte sich die Situation spätestens nach 1943 grundlegend ändern. Vor allem die großen Städte waren Ziel der Bombenangriffe, viele dieser Städte wurden nahezu dem Erdboden gleichgemacht.

Nach der Kapitulation übernahmen zunächst Militärregierungen die Kontrolle über das Land. Doch schon im Juli 1945 wurde in den amerikanisch besetzten Gebieten das Land Württemberg-Baden mit einer eigenen Landesregierung geschaffen. In den französisch besetzten Gebieten entstanden die Länder Baden und Württemberg-Hohenzollern. Daß die alliierten Besatzer bei der Ländereinteilung nicht auf traditionell Gewachsenes Rücksicht nahmen, zeigt ein Blick auf die Landkarte: Hier waren Autobahnen wichtiger.

Nach langwierigen Bemühungen, die vor allem auf den erbitterten Widerstand der »Altbadener« um den (süd-)-badischen Staatspräsidenten Leo Wohleb stießen, konnte 1950 eine informative Volksbefragung über einen möglichen Zusammenschluß der drei Länder durchgeführt werden. Die daran anschließende Volksabstimmung von 1951 brachte folgendes Ergebnis: Für den Zusammenschluß stimmten 93,5 Prozent der Einwohner Nordwürttembergs, 91,4 in Südwürttemberg-Hohenzollern, in Nordbaden waren es 57,1 und in Südbaden 37,8 Prozent. Damit sprachen sich 69,7 Prozent der Gesamtbevölkerung für die Bildung des Südweststaates aus. Dieser Südweststaat mit dem Namen Baden-Württemberg wurde dann 1952 politische Wirklichkeit.

In vier Thesen sollen nachfolgend vor allem die historischen Grundlegungen für politische Kultur in (Alt-)Württemberg dargelegt werden: Überschaubarkeit, Gereimtheit, Überwachungsstaat und Kontinuität. In ihrer Gesamtheit sind diese Grundlegungen für die (politischen) Wertvorstellungen und (politischen) Verhaltensweisen der Württemberger ausschlaggebend.

Überschaubarkeit

Ein Charakteristikum (Alt-)Württembergs, das zur Ausbildung einer spezifischen politischen Kultur grundlegend beitrug, ist die »Überschaubarkeit«. Was sich dahinter verbirgt, was für den einzelnen überschaubar war und welche Auswirkungen dies zeitigt, soll im folgenden dargestellt werden.

Zunächst zu einem Aspekt der Überschaubarkeit, den man eigentlich in einer Studie über politische Kultur nicht sogleich vermuten sollte, der aber doch die hier lebenden Menschen formte: die Überschaubarkeit des Landes, seine Gestalt und Prägewirkung.

Hinterwäldlerisch

Wirkt sich das territoriale und geographische »So-Sein« eines Landes auf das »So-Sein« der Menschen aus?

Laetitia Boehm bejaht dies und sagt, »daß die Geographie für die Geschichte etwa jene Rolle spiele, wie die Erbanlage für die Entfaltung der Persönlichkeit«[1].

Nimmt man einen historischen Atlas zur Hand und schaut sich das Gebiet des alten Herzogtums an, so erkennt man drei »Wälle«, die (Alt-)Württemberg umgeben: Da sind im Norden der Odenwald und der Stromberg, im Südwesten der Schwarzwald und im Südosten die Schwäbische Alb. Man lese dazu eine Beschreibung des Schwarzwaldes aus dem letzten Jahrhundert, dann erhält man einen Eindruck davon, welch abschreckende, einem Urwald nicht unähnliche Gegend dies war. Diese Mittelgebirge, wie man sie heute zu nennen pflegt, waren tatsächlich Wälle, nicht leicht zu überqueren, keine Straßen (auch nur annähernd in unserem Sinne zu verstehen) zerschnitten die Höhenzüge. »Wer die Straßenkarte aus der Spätzeit des Alten Reichs durchmustert, stößt im Südwesten am Oberrhein, am Bodensee, im Oberschwäbischen, im Ries, im Kraichgau, kurz in allen Altwürttemberg benachbarten Gebieten auf wahre Straßenknäuel: das Herzogtum selbst präsentierte sich wie eine Terra incognita.«[2]

Was mag dies alles mit dem Thema »politische Kultur« zu tun haben?

Lassen wir dazu einen Kenner und »Erleider« der Württemberger, Friedrich Theodor Vischer, mit Auszügen aus seinem Roman »Auch Einer« zu Wort kommen. Die von ihm festgestellten Eigenschaften und Eigenheiten der Württemberger versucht er folgendermaßen zu deuten: »Vieles offenbar auch Folge der langen Abgeschlossenheit vom großen Verkehr. Weltlosigkeit, Versessenheit, Stagnation.«[3] Land und Leute werden in einer Wechselbeziehung gesehen und scheinen sich gegenseitig zu formen.

Friedrich Kölle, der im letzten Jahrhundert »Hundert Paragraphen über Schwaben überhaupt und Württemberg insbesondere« aufstellte, kommt zu ähnlichen Erkenntnissen: »Schwaben hat weder Schneeberge noch

Ebenen, aber überall Hügel, der Wälder vielleicht noch zu viele. Das Land verlangt angestrengten Fleiß und eignet sich vorzüglich zur ›kleinen Kultur‹.«

Daß die Bewohner dieses Landes abseits der großen Heerstraßen nicht nur hart arbeiten mußten, sondern auch kennzeichnende Verhaltensweisen an den Tag legten, wird durchaus auch von den badischen Nachbarn gesehen. Der Badener Amadeus Siebenpunkt bemerkt: »Baden gegenüber war Württemberg immer Binnenland, bei verstelltem Horizont auf sich selbst gerichtet und dadurch freilich auch selbstsicherer und in entwaffnender Direktheit selbstbewußt.«[4]

Die zwischen Land und Leuten festgestellte Wechselwirkung führt uns zu folgender These: (Alt-)Württemberg, Land hinter den Bergen, abseits der großen Verkehrsstraßen, erreichte schon aufgrund der geographischen Gegebenheiten, daß nicht nur der große Verkehrsstrom bis ins letzte Jahrhundert hinein nur mäßig floß, sondern auch, daß Ideen, Weltanschauungen und Ideologien nur »gefiltert« nach Württemberg und zu dessen Einwohnern vordringen konnten. Nicht jede neue Idee, nicht jede neue Mode vermochte sich sofort in Württemberg zu etablieren, wie sollte sie auch? Nur ein intensiver Kontakt mit Fremden und deren Ideen hätte dies erreichen können. Aber hier tat wieder die Geographie ihre Dienste. So gesehen lag Württemberg nicht nur hinter geographischen Wällen, sondern auch hinter einem »ideologischen« Schutzschild – einem Schutzschild, der nur für solche Ideen, Weltanschauungen und Ideologien durchlässig war, die anderswo schon »getestet« waren.

Der historische Atlas verzeichnet nicht nur die »Wälle«, die Württemberg umgaben, sondern auch die stattliche Größe, die das Herzogtum gegenüber den Miniaturherrschaften ringsum auszeichnete.

Doch diese Größe Württembergs ist nur relativ – relativ gegenüber anderen, wesentlich größeren Staaten, aber auch relativ für die Einwohner des Herzogtums. Denn diese erlebten den herzoglichen Staat vor allem in den kleinräumigen Ausmaßen der örtlichen und überörtlichen Verwaltungseinheiten, war doch die Verwaltungsstruktur in Württemberg so aufgebaut, daß neben den Gemeinden sogenannte Ämter wichtige (Verwaltungs-) Aufgaben zu übernehmen hatten; dazu war das gesamte Herzogtum in solche Ämter unterteilt. Doch diese Ämter, in denen eine Stadt und die Dörfer des engeren Umkreises zusammengefaßt wurden, waren nicht nur staatliche Verwaltungseinheiten, sondern jedes Amt für sich, und dies ist eben charakteristisch, auch ein Selbstverwaltungsbezirk. Galt Selbstverwaltung in anderen Ländern oftmals nur für die Gemeinden, so in Württemberg darüber hinaus auch für diese Ämter. »Die Amtskörperschaften sind in der Bevölkerung tief verankert. Wie die Gemeinden hatten auch sie seit der Grafenzeit das Recht der Selbstverwaltung und daneben auch staatliche Aufgaben zu erfüllen. Sie sind eine Fürsorge-Gemeinschaft für die in ihnen zusammengeschlossenen Gemeinden. Ihnen liegt die Pflege und Förderung der wirtschaftlichen Belange der Gemeinden und der Angehörigen des Bezirks ob. Sie waren dabei vor allem verpflichtet, ihren notleidenden Gemeinden zu helfen.«[5]

Das Amt war neben der Gemeinde also der Rahmen, in

dem sich für den einzelnen Politik im weitesten Sinne vollzog; hier konnte er, und dies verdeutlicht »Überschaubarkeit«, die anstehenden Probleme erkennen und beurteilen, hier konnte er auch in einem gewissen Maße sein Wort zur Geltung bringen. Natürlich: »Das politische Handeln in diesen engen Räumen war hinsichtlich der Zahl der Betroffenen begrenzt, vielfach geradezu lächerlich begrenzt. Es war aber hinsichtlich der Gegenstände und des Gewichts der Entscheidungen erschreckend wenig begrenzt. Dies gilt (...) tendenziell von allen Territorien und Ämtern. (...) Es liegt auf der Hand, daß die Enge der Territorien und die Kleinräumigkeit der Amtsverfassungen eine besondere politische Kultur bedingten, und es ist zumindest wahrscheinlich, daß einzelne Züge dieser Kultur bis heute fortwirken.«[6] Gerade im Vergleich mit badischen Ämtern fallen auch die »Unterschiede der Größenordnung ins Auge. Wenn die badischen Markgrafschaften um 1800 etwa zwanzig Amtsbezirke hatten, das rund zweieinhalbmal so große Herzogtum Württemberg zur gleichen Zeit aber mehr als hundert, so ergibt sich daraus, daß die altbadischen Ämter im Durchschnitt doppelt so groß waren wie die altwürttembergischen«[7].

Für den Württemberger war sein Amt, gerade wegen der geringen Größe, überschaubar; hier kannte er die Amtsstadt und die mit ihr zu einem Amtsbezirk zusammengefaßten Dörfer. Hinzu kommt, daß sich die Ämter in ihren territorialen Ausmaßen fast ein halbes Jahrtausend kaum veränderten. Dies formt und prägt ein Zusammengehörigkeitsgefühl! Eine relativ starke Einbeziehung in die örtliche und überörtliche Selbstverwaltung innerhalb eines überschaubaren Raumes ist sicherlich hilfreich bei der Entstehung eines Wir-Gefühls unter den Beteiligten, zumal sich der Bezugsrahmen (die Ämtergröße) fast nicht änderte.

Da verwundert es nicht, wenn Georg Christoph von Unruh schreibt: »Entsprach auch die Größe des (altwürttembergischen) Amtsgebietes im allgemeinen nicht derjenigen der kurmärkischen Kreise, so entwickelte sich doch auch hier eine wirkungsvolle Tradition überörtlicher Gemeinschaft: Bereits um 1600 war es Brauch, daß ein Einwohner sich nach dem Amt benannte, aus dem er stammte, und nicht nach der Ortsgemeinde.«[8]

Die Ämtergröße ist somit ein bedeutender Stein im Mosaik der politischen Kultur (Alt-)Württembergs. Denn erst diese und die Aufgabenfülle in den Ämtern schufen (nach der geographischen Lage) die Voraussetzung für alle weiteren Grundlegungen der politischen Kultur in diesem Land. Vor allem muß in diesem Zusammenhang die gemeinschaftsbildende Kraft der Ämter hervorgehoben werden. »Verstärkt wurde das Gefühl der Zusammengehörigkeit durch die Vertretung von Stadt und Land im Landtag, wo ›Städte und Ämter‹ zusammen die Landschaft und als solche den Landstand der Bürger und Bauern bildeten. Diese besondere politische Bedeutung behielten die Ämter bis 1806.«[9]

»Große« Politik – »Kleine« Politik

Das gemeinschaftliche Zusammenleben in Amt und Oberamt schuf eine wichtige Voraussetzung, damit unter den Bewohnern ein Wir-Gefühl entstehen konnte. Daß der Württemberger, wenn auch in bescheidenem Maße, die Möglichkeit besaß, an der Gestaltung seiner lokalen Umwelt tatsächlich mitzuwirken, hat deutliche Spuren bei den Betroffenen, in ihrem Miteinander und der politischen Kultur hinterlassen.

Natürlich darf man die Mitwirkungsmöglichkeiten des einzelnen, wie sie sich in der alltäglichen Praxis darstellten, nicht überbewerten: Wo sie – auch nach unterschiedlich ausgeübtem örtlichem (Gewohnheits-)Recht – gegeben waren, wurden sie meist dadurch relativiert, daß sich die örtliche »Ehrbarkeit«, eine Gruppe angesehener und finanzstarker Familien, Aufgaben und Ämter mittels Vetterleswirtschaft zuspielten.

Im Amt kam vor allem der Amtsversammlung eine bedeutende Aufgabe zu. Die wichtigsten gemeinschaftlichen Angelegenheiten standen hier zur Debatte; aber nicht nur debattiert wurde in der Amtsversammlung, vielmehr erfolgte hier auch die Wahl der Landtagsabgeordneten für den jeweiligen Amtsbezirk. Diese Abgeordneten »hatten von der Amtsversammlung bindende Weisungen anzunehmen«[10], denn »im Unterschied zur modernen Repräsentativverfassung kannte ja die altdeutsche Korporationsverfassung (mit Ausnahme der Prälaten) kein freies, sondern nur ein imperatives Mandat. Die Instruktion war auf der Ebene der Ämter schon eine Art politischer Vorentscheidung für das Ergebnis des Landtages«[11].

So kam der Amtsversammlung ein besonderes Gewicht zu. Auch über die »große Politik« wurde hier im Rahmen eines kleinen Amtes beraten und in gewissem Maße mitentschieden.

Das Amt – Bezugsrahmen für »große« und »kleine« Politik – hat somit eine weitere zentrale Bedeutung: Es filtert »große Politik« zu einer auch für den einzelnen überschaubaren Größe und macht sie dadurch eher verständlich. Das Amt bildete somit für den einzelnen den kleinräumigen und überschaubaren Bezugsrahmen für seine (politischen) Handlungsorientierungen. Daß dadurch das Wir-Bewußtsein und die gemeinschaftliche Komponente sich verstärkt ausprägen konnten, scheint verständlich.

Hinzu kommt noch, daß die Dörfer seit dem 17./18. Jahrhundert verstärkt in den Amtsversammlungen auftraten; »in manchen Ämtern wurde in der Spätzeit der altwürttembergischen Verfassung der Landtagsabgeordnete von den bäuerlichen Mehrheiten der Amtsversammlung gewählt. (...) Überall hatte zuletzt das bäuerliche Element einen ins Gewicht fallenden Anteil an Wahl und Instruktion der amtsstädtischen Abgeordneten. Der Eintritt der Dörfer in die Wahlkörperschaften gewann dem Staatsleben Volksschichten, die ihm vorher fernstanden«[12].

Vergegenwärtigen wir uns nochmals: Landtagsentscheidungen wurden in den Ämtern vorbesprochen, Landtagsabgeordnete instruiert. Der Bezugsrahmen für die allermeisten (politischen) Belange waren Amt und Gemeinde. Hier in Amt und Gemeinde kannte man sich, hier vermochte man Menschen und Sachverhalte einzuschätzen. Da verwundert es nicht, daß alles, was in Stuttgart oder in anderen Ländern geschah, nur unter dem Kirchturmhorizont des eigenen Amtes interessierte.

Überschaubarkeit stellt also eine Grundlegung für politische Kultur in (Alt-)Württemberg dar. Überschaubar war das Land, überschaubar auch der Bezugsrahmen für politisches und gemeinschaftliches Handeln – nämlich die Ämter. Die Überschaubarkeit reduzierte ganz allgemein die den einzelnen umgebende Welt und trug so zu stärkerer Verhaltenssicherheit bei, da Ereignisse, die auf eine Gefährdung eingelebter Verhaltensweisen zielten, stark zurückgedrängt wurden; man wußte ja, mit wem und womit man es zu tun hatte. Dies bewirkte einen wichtigen Nebeneffekt: die Überschaubarkeit in kleinen räumlichen Einheiten schuf unter den Betroffenen ein Wir-Bewußtsein und Zusammengehörigkeitsgefühl, das für die (alt-)württembergische politische Kultur von großer Bedeutung sein sollte.

Gereimtheit

»Gereimtheit«, eine weitere charakterisierende Grundlegung für politische Kultur in (Alt-)Württemberg, bedarf
der »Überschaubarkeit«; denn: nur wenn etwas überschaubar ist, kann man sich »einen Reim darauf machen«,
erst dann kann man abschätzen, ob etwas mit Widersprü-
chen behaftet ist.

Gereimtheit im Verhältnis zwischen Stadt und Land

Die zentrale Aussage dieses Unterkapitels lautet, daß es
in (Alt-)Württemberg kein gravierendes Stadt-Land-Gefälle gab. (Alt-)Württemberg verfügte zwar vor allem im
letzten Jahrhundert über eine sehr hohe Bevölkerungs-
dichte, den Städten kam jedoch keine übermäßige Bedeutung zu. So lebten noch 1852 in dieser Region 74,7 Prozent
der Bevölkerung in Gemeinden unter 2000 und nur
10,7 Prozent in Orten über 5000 Einwohnern. Im Jahre
1875 verteilten sich die Württemberger wie folgt:
66,4 Prozent der Bevölkerung in Gemeinden unter 2000
und 18,9 Prozent in Gemeinden über 5000 Einwohnern.
Und diese Entwicklung setzte sich fort: Wohnten 1925 im

Reichsdurchschnitt 46,7 Prozent der Bevölkerung in Gemeinden über 10000 Einwohnern, so waren es in Württemberg nur 30,8 Prozent. Bei Großstädten über 100000 Einwohnern lag dieses Verhältnis sogar bei 26,7 zu 12,8 Prozent.

Diese Tendenz läßt sich durch die gesamte neuere württembergische Geschichte hindurch feststellen. Zwar entstanden im Mittelalter eine Vielzahl von Städten, doch was heißt schon Stadt?

Otto Borst wirft die Frage auf, ob es im alten Württemberg überhaupt Städte im eigentlichen Sinne gab: »Neuere Forschung hat ergeben, daß die Bevölkerung der frühneuzeitlichen Städte in Württemberg ›in der Mehrzahl aus Landwirten und Handwerkern bestand, so daß man hier zwischen Stadt und Land nicht grundlegend unterscheiden muß‹.«[1]

Und Karl Julius Weber hat schon im letzten Jahrhundert bemerkt: »Württemberg hat wenig oder eigentlich gar keine großen Städte – aber, was besser ist, eine Menge kleine, wie verhältnismäßig keine andere deutsche Provinz.«[2]

Städte dominierten nicht in Württemberg, auch nicht im Bereich des Politischen. Zwar gab es in Württemberg – nach französischem Muster – sieben herausgehobene »gute Städte«, die mit je einem eigenen Abgeordneten in der Zweiten Kammer vertreten waren, doch von großer Bedeutung im Vergleich zu den anderen Gemeinden war das nicht.

Stadt zählte zwar in Württemberg – aber nicht bestimmte Städte, sondern jede Stadt – jede Amtsstadt. Die Amtsstadt war die Mitte des politischen und sozialen Lebens im Amt, hier wurden politische Fragen vorberaten und vorentschieden, hier fanden die Amtsversammlungen statt. Die Amtsstädte hatten auf diese Weise ein beachtliches politisches Gewicht. Doch »während des großen Verfassungskampfes unter Herzog Karl Eugen wird es vielerorts üblich, Wahl und Instruktion des Landtagsabgeordneten in ›verstärkten Amtsversammlungen‹ vorzunehmen, bei denen die Dörfer nicht nur durch ihre Schultheißen vertreten sind, sondern noch durch ein, zwei oder drei weitere Dorfgerichtsmitglieder, in der Regel einfache Bauern«[3]. Ab und zu wurden gar Landtagsabgeordnete von der bäuerlichen Mehrheit in der Amtsversammlung gewählt.

So mußte man sich in Württemberg nicht als »zu-kurzgekommen« fühlen, weil man auf dem Dorf lebte, ein Umstand, der sicherlich politisches Handeln langfristig beeinflußte.

Gereimtheit in den wirtschaftlichen Rahmenbedingungen

Nicht nur das allgemeine Stadt-Land-Gefälle stellte in (Alt-)Württemberg kein Problem dar, auch »die Unterschiede im Sozial- und Wirtschaftsgefüge von Stadt und Land, seit dem späten Mittelalter ohnehin im Rückgang, verwischen sich zusehends. Diese wirtschaftliche Angleichung und die gesteigerte wirtschaftliche Bedeutung der Dörfer sind die Grundlage, auf der sich ihr politischer Aufstieg innerhalb der Amtskorporation vollzieht«[4].

»Wirtschaftliche Angleichung« soll heißen: (Alt-)Württemberg hat kein dezidiertes »Ruhrgebiet«, sprich Wirtschaftszentrum, hat aber auch kein »württembergisch Sibirien«. Man findet zwar Industrie verstärkt entlang des Neckars, doch von einer ausgesprochen privilegierten Region kann man kaum sprechen. »Die Zentren des

industriellen Aufschwungs waren der Stuttgarter Raum, die alten Reichsstädte im Neckartal (Reutlingen, Eßlingen, Heilbronn) und der Raum zwischen Göppingen, Heidenheim und Ulm. Doch trotz der Industrialisierung in diesen Gebieten wahrte die württembergische Industrie- und Gewerbelandschaft ihr charakteristisches Gepräge einer starken Dezentralisation.«[5]
Die Ursache für diese starke Dezentralisation der Wirtschaftsansiedlungen ist im gravierenden Mangel an Bodenschätzen in Württemberg zu sehen. Aus diesem Grund konnte keine dominierende Schwerindustrie entstehen, vielmehr wies die handwerkliche Tradition in Württemberg der wirtschaftlichen Entwicklung in Richtung Spezialindustrie die Bahn. Dies gab unter anderem dafür den Ausschlag, daß Württemberg die Wirtschaftskrisen unseres Jahrhunderts relativ gut überstand. So gesehen war die Gereimtheit in den wirtschaftlichen Rahmenbedingungen (keine dominierende Großindustrie, keine bevorzugte Wirtschaftsregion) auch ein Grund für das spätere Gewappnet-Sein gegen den wirtschaftlichen Zusammenbruch in der Weimarer Republik.

Konfessionelle Gereimtheit

Glaubenskämpfe sind für (Alt-)Württemberg über Jahrhunderte hinweg nahezu nicht zu verzeichnen, da diese jeglicher Grundlage entbehrten. Das bedeutet: Gereimt waren die konfessionellen Verhältnisse in (Alt-)Württemberg, denn das altwürttembergische Staatsrecht ließ den Katholiken keinen Raum zur Entfaltung. Nach Einführung der Reformation bildete die evangelisch-lutherische Konfession die Staatsreligion mit dem Charakter völliger Ausschließung gegen alle Andersdenkenden. Die konfessionelle Gereimtheit wurde zwar mit obrigkeitlichen Zwangsmaßnahmen durchgesetzt, doch klare (konfessionelle) Verhältnisse waren es allemal, auch wenn viele evangelische Glaubensgemeinschaften in (Alt-) Württemberg beheimatet waren (Pietismus!).

Evangelische in allen Schattierungen hatten jedenfalls in (Alt-)Württemberg wenig Kontakt zu Katholiken; höchstens man ging außer Landes, oder Besucher kamen ins Land – aber dies erschwerten schon die beschriebenen »Wälle«.

Fehlender Kontakt mit Andersgläubigen mag auch zu einer stärkeren Sicherheit im eigenen Denken (und Handeln) beigetragen haben. Daß diese Sicherheit auch zur Borniertheit ausarten konnte und dies oftmals geschah, spielt hier keine sonderliche Rolle, denn auch Borniertheit und Fanatismus lassen eigene religiöse Weltanschauungen durchaus als gereimt und in sich stimmig erscheinen. Solange jedenfalls der Kontakt mit anderen Religionen unterblieb, solange waren die konfessionellen Belange für den Württemberger relativ unproblematisch, gereimt, aber eben nur so lange, wie er sich nicht notgedrungen (wie z. B. nach dem 2. Weltkrieg) mit Andersgläubigen auseinandersetzen mußte.

Gereimtheit im Grad politischer Teilhabe

Für den Württemberger fand das soziale und politische Leben hauptsächlich in seiner Gemeinde und in seinem Amt statt; diese waren der Rahmen für politisches Handeln. Selbst in der Verfassung von 1819 wird dies berücksichtigt. Der Satz: »Die Gemeinden sind die Grundlagen des Staatsvereins«, der auf Friedrich List zurückgeht, zeugt davon.

Aber dieser gemeindliche Bezugsrahmen blieb nicht nur geschriebenes Wort; schon seit dem Ende des Mittelalters besaß die altwürttembergische Dorfgemeinde eine verhältnismäßig kräftig entwickelte Eigenverwaltung. Auch das absolutistische Intermezzo, sowie die Auswirkungen der napoleonischen »Flurbereinigung« konnten diese ausgeprägte württembergische Tradition, diese eminent gemeindebezogene Orientierung, nicht beenden. Zwar gab es starke zentralisierende Tendenzen, doch der Kampf ums »gute alte Recht«, zu Beginn des letzten Jahrhunderts ausgetragen, ließ auch die Gemeinden als Gewinner mit hervorgehen.

Was dies konkret bedeutete, zeigt die Charakterisierung und Einordnung der württembergischen Gemeindeverordnung, vorgenommen durch den Tübinger Staatsrechtler Schäffle im Jahre 1866: »Das württembergische Gemeinderecht ist, was den Wahlmodus betrifft, am meisten demokratisch; was den Umfang der Gemeindefunctionen betrifft, stellt es der Gemeindeverwaltung, und zwar ohne eigentliche Unterscheidung von Gemeindeclassen, die meisten Aufgaben. In beiderlei Beziehungen steht dieses Land auf dem äußersten linken Flügel wenigstens einer formalen Gemeindefreiheit.«[6]

»Diese Züge geben der württembergischen Gemeindeverfassung ein demokratisches Gepräge, wie es keine andere deutsche Gemeindeverfassung an sich trägt, und einen Charakter der Unabhängigkeit gegenüber dem Bestätigungs- und Nichtbestätigungsrechte, überhaupt gegenüber der Einwirkung der Regierung auf Personen, wie er im gleichen Maaße sonst nicht, am wenigsten in Landgemeinden mit nichtlebenslänglichen Ortsvorste-

hern zu finden ist. Außerhalb Württembergs wird die
württembergische Gemeindeverfassung nicht selten als
eine radicale angesehen. Dazu kommt, daß in Württemberg der dem Ortsvorsteher und dem wechselnden Ge-
meinderath auferlegte Geschäftskreis so umfassend ist,
wie in keinem anderen deutschen Staate.«[7]

Man muß sich das einmal vor Augen halten: »Seit 1849
gibt es in Württemberg auf der kommunalen Ebene
faktisch nahezu ein allgemeines, gleiches und direktes –
also ohne die sonst allgemein übliche Zwischenschaltung
von Wahlmännern – Wahlrecht aller steuerpflichtigen
Männer über 25 Jahre (...). Auch Einwohner, die nicht
Gemeindebürger sind, erhalten das kommunale Wahlrecht, wenn sie mindestens drei Jahre vor dem Wahlter-
min in der Gemeinde Steuern bezahlt haben. Diese
weitgehenden Regelungen suchen zu dieser Zeit in ganz
Deutschland ihresgleichen!«[8]

Doch wohlgemerkt: Das sind zwar Errungenschaften des
letzten Jahrhunderts, doch die Grundlagen hierfür wurden lange Zeit davor gelegt. So hatten schon seit Jahrhunderten »die Dorfgemeinden ein Recht der Mitwirkung bei
der Besetzung des Schultheißenamts, einzelne schon im
15. Jahrhundert sogar das Recht der Mehrheitswahl durch
alle Gemeindebürger«[9].

Dies sind Traditionen, die bis in die Gegenwart herüber-
reichen, Traditionen, die mit in politische Kultur ein-
fließen.

Bei der Lektüre von Berichten aus dem 17., 18. und 19.
Jahrhundert kann man sehr wohl den Eindruck gewinnen, daß es *den* Untertanen in (Alt-)Württemberg nicht
gab. Ob sich dies auf die Selbstverwaltung, die den
Gemeinden gewährt wurde, bezog oder auf die Schult-
heißenwahl, »gewisse demokratische Tendenzen sind

durch die Jahrhunderte hindurch gewahrt geblieben; auch während der Regierungszeit absolutistischer Fürsten konnte der Untertan mitreden; hier ist an den sogenannten ›Durchgang‹ zu denken, der beim Ruggericht jedem Einwohner die Möglichkeit gab, Klagen über Mitbürger und Dorfobere ohne deren Mitwissen bei der nächsthöheren Instanz anzubringen. Im nichtwürttembergischen Ort fehlen solche Einrichtungen«[10].

»Nach den Absichten der Regierung soll eine breite ländliche Schicht ihren Willen in ›Privat- und Communsachen‹ über die drei Stufen Gemeindeversammlung – Amtsversammlung – Landtag indirekt bis zur Spitze des Staates geltend machen können.«[11]

Ob es sich um die Bedeutungszuweisung für kommunale Angelegenheiten handelte oder um die Möglichkeiten des einzelnen, sich an der Behandlung und Entscheidung solcher Angelegenheiten zu beteiligen, oder um die Einflußnahme auf »große« Politik: Gereimtheit lag insofern vor, als der einzelne Möglichkeiten sah, sich äußern zu können. Ob dies über Wahlen oder direkte Einflußnahme vonstatten ging, spielt hierbei nur eine unwesentliche Rolle. Denn sowohl das Wahlrecht als auch die direkte Einflußnahme waren in Württemberg im Vergleich zu anderen Ländern vorzüglich.

Rufen wir uns noch einmal die Stellungnahme des Staatsrechtlers Schäffle aus der Mitte des 19. Jahrhunderts in Erinnerung: »Das württembergische Gemeinderecht ist, was den Wahlmodus betrifft, am meisten demokratisch.« Das gilt aber nicht nur auf die Gemeinde bezogen, ansatzweise auch für die »große Politik«. Wie sollte es anders zu deuten sein, wenn man erfährt, daß »wohl auf Grund einer stärkeren demokratischen Strömung in Württemberg 1868 das (allerdings nur auf Männer beschränkte) allgemeine, gleiche, direkte und geheime Wahlrecht für die Mehrheit der Abgeordneten der Zweiten Kammer eingeführt wurde, während sich Baden ein Jahr später nur für die allgemeine und gleiche Wahl entschloß, aber als Schutzmaßnahme gegen die von den Liberalen befürchtete Herrschaft der unkontrollierten Massen das indirekte Verfahren beibehielt«[12].

Überwachungsstaat

In den vorangegangenen Kapiteln war mehrfach die Rede von Dezentralität, von kleinen überschaubaren Einheiten, von »Gereimtheit«. Ein Traumstaat? Auch hier mag das Sprichwort zutreffen: Wo viel Licht, da auch viel Schatten!

Doch Werturteile sind hier nicht statthaft. Was nämlich nachfolgend über den »Überwachungsstaat« gesagt wird, wurde durchaus in weiten Teilen der Bevölkerung positiv eingeschätzt und bewertet.

Und trotzdem: Wenn nahezu alle Lebensbereiche von staatlichen und religiösen Vorgaben und Verhaltensvorschriften reglementiert werden, wenn das »Auf-die-Finger-Schauen« zur allseits geübten Praxis wird, dann muß es erlaubt sein, von Überwachungsstaat zu sprechen.

In diesem »Land hinter den Bergen« gab es äußerst penible Vorschriften und Verhaltensregeln. Hermann Bausinger weist dabei auf das wechselseitige Verhältnis zwischen den äußeren Bedingungen des Landes und dem Lebensstil der Bürger hin: »Die äußere Enge wäre nicht so wirkungsvoll gewesen, wenn sie nicht ihre Entsprechung gehabt hätte in einer gewissen Enge und Strenge des ganzen Lebenswandels, die gerade auch für jenes Gebiet charakteristisch war, das beinahe als einziges eine größere, den Kirchturmhorizont sprengende Einheit bildete: Altwürttemberg.«[1]

»Enge und Strenge des ganzen Lebenswandels« – Hermann Häring nennt dies »totale geistige Atmosphäre«. Eine solche »totale geistige Atmosphäre« wird von staatlichen Verordnungen und religiös-kirchlichen Verhaltensvorgaben ganz entscheidend mitgeprägt.

Religion und Kirche

Im heutigen Bundesland Baden-Württemberg leben fast genauso viele evangelische wie katholische Christen (45,8 % zu 47,4 %). Doch diese Zahlen täuschen, wie dies oft bei Durchschnittszahlen der Fall ist. So gibt es auch heute noch starke regionale Unterschiede in der Konfessionszugehörigkeit: Im Gebiet des ehemaligen Herzogtums Württemberg ist die evangelische Bevölkerung stark überrepräsentiert. Ursache für diese Dominanz ist, daß (Alt-)Württemberg bis zum Beginn des vorigen Jahrhunderts rein evangelisch war, Katholiken oder »Papisten«, wie sie genannt wurden, nicht geduldet waren. 1534 reformiert, wurde erst 1806, nach der Angliederung überwiegend katholischer Landesteile, eine katholische Landeskirche im Königreich Württemberg eingerichtet. Doch das Datum der Reformation wie die Reformation selbst besagen wenig, die Verankerung im Bewußtsein und Handeln der Betroffenen ist ausschlaggebender. So gesehen mag die mit der Einführung des Pietismus verbundene »zweite Reformation« für Württemberg von größerer Bedeutung gewesen sein. Mitte des 18. Jahrhunderts ist »der große Markstein gesetzt worden: das Generalreskript von 1743 hat nach mancherlei zum Teil harten Kämpfen den Pietismus legitimiert und ›kirchenfähig‹ gemacht. Von nun an können wir getrost die Bindestriche verwenden und von protestantisch-pietistisch-altwürttembergischem Wesen sprechen«[2].

Der Pietismus als religiöse Erneuerungsbewegung sieht das Wesen der Religion in der Verinnerlichung und im gefühlsmäßigen Erleben und verstand sich solchermaßen als Gegenreaktion auf orthodoxe kirchliche Erstarrungen. Spätestens seit dem letzten Jahrhundert wurde der Pietismus dann zur prägenden Kraft des (religiösen) Lebens in (Alt-)Württemberg.

Dies gelang der pietistischen Bewegung vor allem dadurch, daß sie ihre Lehre im Denken und Handeln weiter Bevölkerungskreise verankern konnte. Durch Verordnungen, Vorschriften, Gesetze und Unterweisungsbücher wurde das geistig-religiöse wie auch daraus resultierend das soziale Leben in einer Weise festgelegt, die ihresgleichen sucht. Überwacht wurde die Einhaltung der Vorschriften durch eine einzigartige Einrichtung, den Kirchenkonvent.

Die Pietisten verstanden es, die Grundelemente ihres Glaubens auch für Nicht-Pietisten im Lande zur Handlungsorientierung werden zu lassen. So geht Joachim Trautwein davon aus, »daß die Ethik der pietistischen Gruppen nur den deutlich sichtbaren Kern für die Werthaltung der gesamten württembergischen Bevölkerung darstellt, weil auch die Ethik der Nicht-Pietisten durch ›Kirchenkonvent‹, (...) ›Realteilung‹ und die Nachbarschaft zu den pietistischen Gruppen bestimmt war«[3]. Und: Der Pietismus war wie geschaffen für diese Zeit, für dieses Land und dessen Bevölkerung. Um diese Behauptung belegen zu können, muß der Betrachtungsrahmen ein klein wenig vergrößert werden.

In (Alt-)Württemberg war man spätestens seit der Großen Kirchenordnung von 1559 daran gewöhnt, mit einer enormen Fülle an staatlichen Verordnungen und Vorschriften zu leben, die das tägliche Leben bis in die letzten Kleinigkeiten regelten. Dies hatte die Konsequenz, daß man »im altwürttembergischen Dorf nichts, aber auch gar nichts hat verbergen dürfen, ein Privatleben war nahezu ausgeschaltet; dies führte verschiedenfach zu einem Reglement der täglichen Lebensäußerungen, das auf die Minute genau ablief; man fütterte, mähte, pflügte, gärtelte, nähte, aß und schlief jeweils zur gleichen Zeit, auf einem Hof wie dem andern, fast anstaltsmäßig – ein Erziehungserfolg der damaligen Regierung, auf den sie wahrscheinlich stolz war«[4].

Zu dieser staatlich verordneten Reglementierung des gesamten Lebens gesellte sich eine Askese des einzelnen, die unabdingbar für das tägliche Überleben war. In einer kleinbäuerlichen Agrargesellschaft wie der des Herzogtums konnte keine Üppigkeit in der Versorgung mit alltäglichen, lebensnotwendigen Gütern entstehen. Erschwerend kommt für Württemberg noch hinzu, daß die Erbfolge durch das Prinzip der Realteilung geregelt wurde; das heißt: alles verfügbare Hab und Gut, ob Felder, Haus, Wäsche usw. wurde im Todesfall an alle berechtigten Erben aufgeteilt. Leicht einsehbar ist bei dieser Erbfolgeregelung, daß die Felder von Mal zu Mal kleiner und schmäler wurden, weil immer mehr Erben von immer kleineren Erbgütern noch etwas ergattern wollten und durften.

Als Beispiel sei ein Bauer, Barbier und Schultheiß erwähnt, der 1730 folgendes hinterließ:

44

»Die Helffte an einer halben Behaußung,
Den vierten Teil einer ganzen Scheuren,
Den vierten Teil an einem Feldlehen,
Dritthalb Achtel an einer Hofstatt,
Die Helffte an 1 Jauchert Ackers,
den 4. Theil an 2 Jauchert Ackers,
Die Helffte von sieben Viertel im Diebsteig,
Die Helffte von 2 Jauchert hinterm Berg,
Den vierten Teil an 6 Tagewerk in Lengenthal,
Die Helffte an 4 Theilen auf dem Berg,
Die Helffte an einem neuen Waschkessel,
Ausstände an Barbiergeld 25 Gulden.«[5]

Und satt werden mußte eine vielköpfige Familie von
solchen »Handtuchäckern« eben auch! Da bedurfte es
schon einer immensen Anstrengung und Disziplinie-
rung, um dieses Leben zu meistern. Arbeit, Fleiß, Ab-
holdsein jeglichen Luxus (= auch Sexualität) konnten
hier nicht groß genug geschrieben werden.
Und nun bietet sich diesen Menschen in Form der pietistischen Erneuerungsbewegung eine Religion an, die
eben diese Lebensmaximen als Voraussetzung für ein
glückliches Leben im Jenseits verlangt. Notwendigkeit
und Bedürfnis konnten so ideal zur Deckung gebracht
werden.
Außerdem fügte sich dieser Pietismus blendend in das
Staatsgefüge ein, predigte er doch absoluten Staatsgehor-
sam und brandmarkte jedes gegen die Herrscher gerich-
tete Wort, jede Tat als Verbrechen gegen die göttliche
Ordnung. Religion und Kirche hielten eine straffe staatliche Ordnung a priori für notwendig und nicht hinterfra-
gungsbedürftig. Dazu eine charakteristische Aussage
von Sixt Carl Kapff, der im letzten Jahrhundert 30 Jahre in

der württembergischen Oberkirchenbehörde tätig war: »Ich halte jede Revolution für unerlaubt, ich halte das göttliche Recht der Fürsten fest, ich glaube, daß der Ungehorsam gegen die bestehende Ordnung Meineid ist.«

Der Pietismus, der beim einzelnen seinen Niederschlag findet in unbedingter Staatstreue sowie in einer strengen, gar verbissenen »schmallippigen« Lebensführung unter Aufsicht der ihn umgebenden Gemeinschaft – dieser Pietismus gibt den Menschen ein kulturelles Stützkorsett, mit dessen Hilfe sie ihren Alltag meistern können.

Dieses »Stützkorsett« bewirkt noch ein weiteres, und darauf wird zuwenig geachtet: Es vermittelt einen Rückhalt gegenüber der Obrigkeit, gegenüber den Institutionen – auch den kirchlichen –, gegenüber allen, die legitim Macht ausüben. In diesem Sinne hat der Pietismus »die Bedeutung der Grenze zwischen Ehrbarkeit und Kleinbürgertum in mehrfacher Weise relativiert. Er hat den unteren Schichten ein höheres Selbstwertgefühl vermittelt, sie mit Bildungsmöglichkeiten konfrontiert und hierarchisch-obrigkeitliche Strukturen der institutionalisierten Kirche durch den Hinweis auf die persönliche Verbindung des Gläubigen mit Gott in Frage gestellt (...). Dieses Selbstbewußtsein, aber auch die Sprachfertigkeit des pietistischen Stundenmannes, der jeden Sonntag zu der Versammlung sprach, hat sich notwendigerweise auch in der Haltung der pietistischen Bevölkerung insgesamt niedergeschlagen. Mit anderen Worten: Das Gefühl vom Wert und der Selbständigkeit des einzelnen Menschen gegenüber der Institution, das zunächst bei Luther und bei den Wiedertäufern vorhanden war, dann auch im Pietismus wach wurde, hat im Lande die ›demokratische‹ Tradition verstärkt«[6].

Doch mit dem Pietismus in (Alt-)Württemberg ist noch etwas anderes verbunden, was ebenfalls tiefe Spuren hinterlassen hat: der Kirchenkonvent.

Kirchenkonvent

Der geistige Initiator dieser 1642 nach Genfer Vorbild (Calvin) geschaffenen Kirchenkonvente in (Alt-)Württemberg war der Calwer Dekan Johann Valentin Andreae. Er wollte durch diese Institution des Kirchenkonvents das private und öffentliche Leben, das im Zuge des Dreißigjährigen Krieges von einem zunehmenden Verfall der Sitten gekennzeichnet war, wieder in richtige (= kirchliche) Bahnen lenken. Daß er bei diesem Unterfangen nicht auf herzogliche Kritik stieß, ist einsichtig, wenn man weiß, daß auch weltliche Vertreter in der kirchenkonventlichen Aufsichtsbehörde saßen und auf diese Weise die sittliche Zucht obrigkeitlich kontrolliert werden konnte.

Nach Angelika Bischoff-Luithlen haben die Sittengerichte »den Charakter der altwürttembergischen Dörfer wohl am nachdrücklichsten geprägt«[7]. Diese Sittengerichte wurden »in Württemberg ausgeübt von einer aus dem Pfarrer und den weltlichen Gemeindevertretern gebildeten Aufsichtsbehörde, die in gewissen Zeitabständen, ursprünglich wöchentlich zweimal, zum ›Kirchenkonvent‹ zusammentrat. Der Kirchenkonvent hatte die Heilighaltung des Sonntags und der Feiertage sowie den Besuch der Gottesdienste zu überwachen. Er wandte sich gegen das Tanzen und Spielen, gegen Wirtshausbesuch und Überfeldgehen an Sonntagen, gegen Fluchen, Lärmen, Zanken. Gottesdienst- und Abendmahlsbesuch wurden genau kontrolliert, Zuspätkommen und Schwatzen beim Gottesdienst wurden streng geahndet (...). Darüber hinaus aber fühlte sich der Kirchenkonvent auch für das gesamte gemeindliche Leben verantwortlich«[8] und ließ es auch überwachen. Diese Überwachung wurde durch »Aufpasser« gewährleistet, die jegliche, auch noch so geringe Verstöße dem Kirchenkonvent zu melden hatten. Aber nicht nur diese quasi offiziell angestellten Personen sollten Überschreitungen melden, jeder Bürger war dazu aufgerufen und verpflichtet. So wurden »Angeberei, das Verpetzen und ›Einander-Beobachten‹ auf fast unerträgliche Weise gefördert. Die Hinterbringer bekamen nämlich ihren Anteil an der Strafe, das ›Anbringdrittel‹«[9]. Und zur Verhandlung wurde der Angeklagte vor den Kirchenkonvent zitiert, der natürlich öffentlich tagte. Welch ungeheures soziales Kontrollorgan diese Kirchenkonvente darstellten, läßt sich leicht erahnen.

Zum Pietismus gesellt sich somit ein Überwachungsinstrumentarium, das jegliches »Aus-sich-Herausgehen« bestraft. Wenn man erfahren will, wie sich so etwas heute noch auswirkt, dann besuche man eine »gesellige« Tanzveranstaltung in einer pietistisch geprägten Gemeinde und erfahre, wie »furchtbar lustig« es zugehen kann.

Aber nicht nur bei der kirchenkonventlich begutachteten Kirchenzucht, die bis 1891 offiziell kontrolliert wurde, waren Denunziation und Aufpassertum gefragt. Von Kindesbeinen an wurde man in (Alt-)Württemberg damit vertraut gemacht. »So bestimmte die erste allgemeine Schulordnung in Württemberg bereits 1559 im Abschnitt über die Schulzucht, daß die Schulkinder pünktlich kommen, stillsitzen, nicht schwätzen und schreien und erst nach dem Gebet rasch und geordnet heimgehen sollten – worüber heimliche Aufpasser zu berichten hatten! Die

Erneuerte Schulordnung aus dem Jahre 1729 bekräftigte dies und verfügte weiterhin, daß, da ein rechtschaffener Schulmeister auch für das Verhalten der Kinder außerhalb der Schule verantwortlich sei, dieser zur besseren Kontrolle geheim tätige Aufpasser, ›besonders fromme und redliche Kinder‹, aufzustellen habe, die ihm das gute oder böse Verhalten der Mitschüler melden sollten.«[10] In einem solchermaßen von Überwachung geprägten Land konnte und durfte niemand anders sein, jeder wurde in einen vorgefertigten Rahmen gepreßt, ob er nun wollte oder nicht. Individuelle Lebensgestaltung ließ sich kaum verwirklichen; man konnte nur in und mit der Gemeinschaft überleben. Dergestalt verliert der Begriff der »Gemeinschaft« den uns vertrauten »heimeligen« Sinngehalt. Daher sollte man (Alt-)Württemberg eher als eine »gemeinschaftliche Anstalt« oder »Anstalts-Gemeinschaft« bezeichnen.

Erziehung

Der Zusammenhang von Religiosität, Kirche und Erziehung läßt sich beispielhaft am »Zwei-Wege-Bild« verdeutlichen, das zum Inventar vieler altwürttembergischer Häuser zählte. Im Mittelpunkt des Bildes sind zwei Wege erkennbar, auf denen der einzelne gehen kann, um in die zwei Welten des Jenseits zu gelangen: Auf der linken Seite ein breiter Pfad, der durch das »Reich der Welt« letztendlich in die ewige Verdammnis führt; auf der rechten Seite ein schmaler Pfad mit kleiner Eingangstüre, der im »Reich Gottes« endet. Der breite Weg des Lasters geht vorbei an Ballsaal und Spielhölle, Lottospiel und Tanz; der schmale Weg ist steiler, mühseliger und führt

u. a. an der Sonntagsschule vorbei. Ein dritter Weg existiert nicht. Der Mensch ist entweder gut und beschreitet erleuchtet den rechten Pfad, oder er ist schlecht, und es bedarf einer totalen Umkehr.

So existierten für den einzelnen nur diese zwei Möglichkeiten: zu zerbrechen oder sich zu fügen. Nur genügte ein Sich-Fügen nicht; der Anspruch war umfassender, totaler. Nicht Gefäß, sondern Werkzeug Gottes mußte er sein. Und weil der einzelne (Gläubige) dies so sah, mußte er alles Menschenmögliche tun, um seine Kinder auf den rechten Weg zu bringen.

Und dieses »Auf-den-rechten-Weg-Bringen« sollte vor allem durch unbarmherzige Strenge erreicht werden. Züchtigungen aller Art hatten das zu verhindern, was im »Intelligenz-Blatt für die Oberämter Vaihingen und Maulbronn« im Januar 1837 als »Zeichen der Lauigkeit im Christenthum« vermeldet wurde: »Zunehmendes Liebhaben der Welt und steigendes Gleichstellen mit derselben.« Jegliche Freude, jegliches Aus-sich-Herausgehen, jede Lustbarkeit, jeglicher sinnliche Genuß mußten im Keim erstickt werden, nur so konnte man das Reich Gottes erlangen.

Was eine solche Erziehung in letzter Konsequenz bedeuten kann, beschreibt Martin Scharfe anschaulich: »Schulmeister Immanuel Gottlieb Kolb hielt 1843 eine Andacht über die ›Wichtigkeit der rechten Kinderzucht‹, in der er auf die mögliche Ohnmacht menschlicher Erziehungsversuche hinwies. Als gleichsam letztes Mittel, wenn sonst nichts mehr fruchtet, empfiehlt er, die Eltern sollten das ungeratene Kind getrost ›dem Herrn übergeben und sagen: laß sie Hand, Arm oder Fuß brechen, blind, taub oder stumm werden, oder nimm sie weg, wenn du sie nicht anders dir bewahren kannst‹.«[11] Diese Art von

Erziehung, die weit über den Kreis der Pietisten hinaus in (Alt-)Württemberg verbreitet war, diese »Verbots- und Abstumpfungserziehung«, fußt letztendlich auf einer Vergöttlichung des Gehorsams; Gehorsam gegenüber den Gesetzen Gottes, ausgeübt und verwirklicht im Gehorsam gegenüber Eltern, Lehrern, Vorgesetzten und herzoglicher Obrigkeit.

Max Horkheimer beschreibt dieses vom Protestantismus herausgestellte Erziehungsideal: »Der Mensch soll sich (nach protestantischer Auffassung) nicht vor der Kirche beugen, wie es im Katholizismus geschah, sondern er soll sich schlechthin beugen lernen, gehorchen und arbeiten (...). Der Eigenwille des Kindes soll gebrochen und der ursprüngliche Wunsch nach freier Entfaltung seiner Triebe und Fähigkeiten durch den inneren Zwang zur unbedingten Pflichterfüllung ersetzt werden.«[12]

Eine so geartete Erziehung hat ihre Auswirkungen, wie Tilmann Moser in seinem Buch »Gottesvergiftung« bekennt: So habe er es nie vermocht, sich »jemals in Ordnung fühlen zu dürfen, mich mit mir aussöhnen, mich o. k. finden zu können«[13]. Und ähnlich an anderer Stelle: »Ich habe Gott so schreckliche Opfer gebracht an Fröhlichkeit, Freude an mir und anderen, und der Lohn war, neben der Steigerung des Erwähltheitsgefühls, oder dem Kampf darum, ein Quentchen weniger Verdammnis.«[14]

Wie beeinflußt eine solche Erziehung politische Verhaltensweisen, politische Kultur?

Eine eindeutige Beziehung, ja Schematisierung läßt sich nicht herstellen, wonach eine über Jahrhunderte erfolgte Erziehung heute ganz konkretes politisches Verhalten zeitigt. Es bleibt aber zu bedenken, ob die jahrhundertelang eingeübten Erziehungsweisen nicht bewirkten, daß

51

der »eigentlichste Grundgedanke des Luthertums«, welcher »die von Natur gesetzte körperliche Überlegenheit als Ausdruck eines von Gott gewollten Überlegenheitsverhältnisses und feste Ordnung als Hauptzweck aller sozialen Organisationen ansieht«[15], daß eben dieser Grundgedanke »feste Ordnung« in veränderter Form ein Element gegenwärtiger politischer Kultur darstellt.

Möglicherweise resultiert die in (Alt-)Württemberg verbreitete Skepsis gegenüber politischen Parteien auf Gemeindeebene, verbunden mit einem Favorisieren von Freien Wählergemeinschaften und parteidistanzierten Kandidaten, auch aus den oben dargelegten Erziehungsmaximen. Diese Skepsis könnte auf eine politische Kultur zurückzuführen sein, die politische Parteien mit ihren Auseinandersetzungen als nicht zuträglich für eine auf Gemeindeebene bestehende Ordnung ansieht. Folglich verhält sich der einzelne parteipolitisch distanziert und betraut eher einen angesehenen (parteipolitisch nicht exponierten) Bürger mit einem kommunalen Amt, so wie man ehedem den angesehensten Bauern, Kaufmann oder Handwerksmeister in ein solches Amt wählte. Dabei kämen der Aspekt des Ein- und Unterordnens sowie der Stabilitätsaspekt, beides Elemente der beschriebenen Erziehungsprinzipien, als Grundlage politischer Verhaltensweisen zum Tragen.

Arbeitsethos

Nahezu kein anderes Charakteristikum hängt den Württembergern mehr an als das »Schaffe, schaffe, Häuslebaue«. Doch auch das wollen wir nicht als angeborene

Stammeseigenschaft betrachten, sondern als Resultat staatlicher und religiös-kirchlicher Vorgaben.

Der Überwachung wurde in (Alt-)Württemberg eine zentrale Bedeutung beigemessen. Hier konnte man nicht, wie man wollte. (Ob man überhaupt anders wollte, bleibt dahingestellt.) »Faulenzer« fielen sofort auf und wurden vom Kirchenkonvent (und nicht nur von diesem) abgemahnt. Auch staatliche Stellen halfen bei der Überwachung und Durchsetzung einer disziplinierenden (Arbeits-)Moral kräftig mit. Eine Unmenge von Vorschriften und Verhaltensvorgaben waren erlassen und vom einzelnen zu berücksichtigen. »Am folgenreichsten jedoch war vermutlich das Generalrescript von 1781 gegen die ›Übelhäuser‹, wonach jedermann, der seine Landwirtschaft schlecht betrieb, enteignet und zum Militär eingezogen werden konnte. Wer solche ›Übelhäuser‹ der Obrigkeit anzeigte, erhielt zur Belohnung ein Drittel des eingezogenen Gutes.«[16]

Wer wagte es da, seine häusliche Wirtschaft noch zu vernachlässigen? Jeder überwachte jeden, vor jedem mußte man sich in acht nehmen, jedem mußte man zeigen (oder zumindest so tun), daß man (immer) schwer arbeitete; Müßiggang, wenn überhaupt gepflegt, durfte nicht offenkundig werden.

Natürlich hat der »Übelhäusererlaß« heute offiziell seine Gesetzeskraft verloren – doch sicherlich nicht seine Absicht und Wirksamkeit. Zwar sind die Formen der Bestrafung andere geworden, sozialer Druck löste die juristische Bestrafung ab, doch Sinn und Zweck des Erlasses leben im Bewußtsein der Bevölkerung weiter. Ob »Kittelschurz«, die Hacke über der Schulter oder die »Kehrwoche«, es darf beim Nachbarn ja nicht der leiseste Eindruck entstehen, als arbeite man gerade nicht. »Bis auf den heutigen Tag gilt so das Faulsein, das ›Nicht-Schaffen‹, als schlimmstes Vergehen, und nach wie vor beäugt man sich gegenseitig mißtrauisch.«[17] So gilt es noch immer als höchstes Lob für einen Württemberger, wenn das Lokalblatt anläßlich einer Ehrung berichten kann:»Er hat sein Leben lang gearbeitet« oder»Rezept fürs Altwerden: Arbeiten«. Ähnlich verhält es sich, wenn der betuliche schwäbische Dichter August Lämmle dem Albvereinsvorsitzenden Eugen Nägele ins Geburtstagsbuch schreibt: »Wir Württemberger hatten immer das Bewußtsein, eine große Familie zu sein, bei der die Plätze nach der Tüchtigkeit und nicht nur nach der Geburt bestimmt wurden.«[18]

Bisher war die Rede von Protestanten und deren Einstellung zur Arbeit.»Protestantismus« und»Arbeit« verweisen auf den berühmten Aufsatz Max Webers:»Die protestantische Ethik und der Geist des Kapitalismus«.[19] Weber beschäftigt sich hierin mit der These, daß die inneren Antriebskräfte für einen modernen industriellen Kapitalismus eine Frucht protestantischer Religiosität und puritanischer Askese seien. Inwieweit trifft diese These auf (Alt-)Württemberg zu?

Nun, es gilt ganz allgemein festzuhalten, daß in (Alt-) Württemberg nicht die Wiege des modernen Kapitalismus stand. Die äußeren Bedingungen waren einfach nicht geeignet hierzu. Es sei nur an die geographische Lage und den Obrigkeitsstaat erinnert. Zum modernen Kapitalismus gehört auch und gerade in der Frühphase die Verbindung zu anderen Städten und Ländern, gehören gute Verkehrsverbindungen und ein liberaler Staat, der dem ökonomischen Handeln des einzelnen so wenig Einschränkungen wie möglich auferlegt. Diese Bedingungen waren in Württemberg nicht gegeben.

Aber: Von der religiösen Einstellung her wären die (Alt-)

Württemberger sicherlich geeignet gewesen, den »Geist des Kapitalismus« voll zur Entfaltung zu bringen. Nur standen dem die obengenannten Widerstände entgegen. Daher konnte dieser »Geist« nicht nach außen wirken, sondern wurde hier eher verinnerlicht und auf die eigene Person angewandt. Dies äußert sich dann beim einzelnen im sprichwörtlichen schwäbischen Fleiß und in einer nahezu beängstigenden Schaffenswut; jedoch fehlt hierbei die »großzügige Dynamik«, »der Mut zum (unternehmerischen) Risiko«[20].

Dieser nahezu zwanghafte Fleiß, dieser permanente Druck, arbeiten zu müssen, stellt eine wesentliche Voraussetzung dafür dar, daß Baden-Württemberg, und insbesondere der nordwürttembergische Raum, die industriereichste Region der Bundesrepublik ist.

Daß dieser Zwang zu arbeiten auch heute noch vorhanden ist, zeigt die Untersuchung von Elisabeth Noelle-Neumann aus den siebziger Jahren: »Auf die Frage: ›Welche Stunden sind Ihnen ganz allgemein am liebsten – die Stunden während der Arbeit oder die Stunden, während Sie nicht arbeiten, oder mögen Sie beides gern?‹ antworten die Württemberger zu 26 %, die Badener aber zu 35 %: ›Am liebsten sind mir die Stunden, wenn ich nicht arbeite.‹«[21] Man ist fast geneigt anzunehmen, daß es sich bei diesen 26 Prozent in Württemberg um »Neuwürttemberger« handeln muß.

Ordnung

»Ordnung«, ein weiterer Unterpunkt zur Grundlegung »Überwachungsstaat«, steht in enger Verbindung zum »Arbeitsethos«. Das »Schaffen« bedarf eben der Klarheit und Ordnung in den persönlichen Verhältnissen. So heißt es schon 1580: »Drei Dinge zieren Wirtemberg: gute Schulen, gute Ordnungen, des fürsten große sorgfeltigkeit.«

Ordnung war dabei gleichzusetzen mit der Einhaltung gültiger und veröffentlichter Dekrete und Erlasse. Und von denen gab es in Altwürttemberg nicht wenige. »Diese bedeutenden und umfassenden Gesetzeswerke wurden ergänzt durch eine lange Reihe von Generalreskripten und Erlassen für Extrafälle, zusammengefaßt in sogenannte ›Befehlsbücher‹ auf den Rathäusern. Außerdem stehen in den Gemeinderegistraturen kleine Unterweisungsbüchlein in Mengen.«[22] Dies war in anderen Ländern keineswegs in solch extensivem Maße üblich; daher auch die Überraschung bei den »Neuwürttembergern« z. B. aus Oberschwaben, als nach der Einverleibung ihrer Territorien ins Königreich Württemberg eine wahre Flut von Erlassen auf sie niederging.

Das Verlangen nach Ordnung dokumentiert sich in der Gegenwart am deutlichsten in den persönlichen Besitzverhältnissen, wie die erwähnte Studie von Elisabeth Noelle-Neumann belegt: »Den Württembergern liegt der Haus- und Grundbesitz mehr am Herzen, Haus- und Grundbesitz nennen 57 Prozent der Württemberger, nur 45 Prozent der Badener ihr eigen.«[23] Dies mag daraus resultieren, daß Arbeitsethos und Ordnungsgedanke einen neuen Sinngehalt erlangten. So bemerkt Gerhard Vescovi, »daß das früher noch aus der religiösen Grundhaltung des Puritanismus abgeleitete Arbeitsethos in neuerer Zeit eine materialistische Abflachung erfahren hat, die mit der Loslösung der Arbeit von ihrem religiösen Unterbau in unseren Tagen ihren Schicksalsbezug auf ein vordergründiges Sicherheitsbedürfnis verlagert hat. Das eigene Haus, das vor laufenden Mieterhöhungen bewahrt und ein unkündbares Wohnrecht garantiert, ist zum Hauptanliegen sozialen Sicherheitsstrebens und gesellschaftlicher Reputation geworden«[24].

Und dennoch: Auch dieses veränderte Arbeitsethos dient dem einzelnen als Sinngebung und Orientierung für sein Leben und stellt somit eine Grundlegung für politische Kultur in diesem Land dar.

Fluchten

Zwei der »Fluchtmöglichkeiten«, die die »gemeinschaftliche Anstalt« (Alt-)Württemberg dem einzelnen ließ, wollen wir genauer betrachten: die *Auswanderung* und den *Selbstmord*.

Um keine Mißverständnisse aufkommen zu lassen: Nicht nur das Verdrossensein gegenüber den staatlichen, kirchlichen und sozialen Verhaltensvorgaben ließ Menschen aus (Alt-)Württemberg auswandern, natürlich auch, und dies in der Mehrzahl der Fälle, die blanke Not. Hierbei sei nur an die schlechte Qualität der Böden und an die »Handtuchäcker« als Folge der Realteilung erinnert. Ob aus Hunger oder aus Verzweiflung, die Zahl der Württemberger, die ihr Land verließen, war enorm. So ist nach dem Auswanderungsverbot zwischen 1807 und 1812 in den Jahren von 1816 bis 1828 ein Wanderungsverlust von ca. 36 500 Personen bei einer Gesamtbevölkerung von 1,3 Millionen zu verzeichnen. In den Jahren 1847 bis 1855 lag der Wanderungsverlust bei einer Einwohnerzahl von 1,7 Millionen gar bei 162 000. Diese Möglichkeit der Flucht wird heute kaum mehr beansprucht, obwohl zu fragen ist, ob Einkauf und Amüsement in der Großstadt, fernab der Heimatgemeinde, nicht auch eine Form von »Auswanderung« darstellen.

Zur zweiten Fluchtmöglichkeit, dem Selbstmord: Vielleicht mag es befremdlich erscheinen, wenn man mit dem Selbstmord, der ja die Reaktion auf persönliche Problemlagen zu sein scheint, auch die Gegebenheiten in einem Land in Verbindung bringt. Doch gerade diesen Zusammenhang zwischen sozio-kulturellen Bedingungen in einem Land und depressiven Erkrankungen (verbunden mit dem oftmals verübten Selbstmord) versuchen Wissenschaftler der Tübinger Universitätsnervenklinik in einer Studie aus dem Jahre 1982 zu belegen. Ihre Untersuchungsgruppe umfaßte 1153 depressive Patienten, die in den Jahren 1961 bis 1968 in der Universitätsnervenklinik Tübingen stationär behandelt wurden. Die Autoren schlüsseln hierbei die Art der Depressionen auf nach endogenen Depressionen, die auf innere (überwiegend sozialisationsbedingte) Ursachen zurückzuführen sind und nach reaktiven Depressionen, die eine Reaktion auf frühere konkrete Erlebnisse (Schock, Unfall o. ä.) darstellen.

Die gesamte Untersuchung diente dem Ziel, die landläufige Vermutung, »die Schwaben neigten in höherem Maß als Angehörige anderer deutscher Volksstämme zu endogenen Depressionen, nachzuprüfen. Wenn dieser Verdacht zutreffen würde, wäre zu erwarten, daß die Schwaben bei den stationären Aufnahmen endogen-depressiver Patienten gegenüber ihrem Bevölkerungsanteil über-, die Flüchtlinge dagegen unterrepräsentiert sind«[25].

Das Untersuchungsergebnis stützt nun diese Vermutung: »Bei den Flüchtlingen und Vertriebenen waren 60 % aller Depressionen reaktive, 40 % endogene. Bei den Schwaben war das Verhältnis gerade umgekehrt. Monopolar verlaufende endogene Depressionen wurden bei den Schwaben prozentual doppelt so häufig wie bei den Flüchtlingen diagnostiziert.«[26]

Was heißt dies nun? Endogen Depressiven werden Charaktereigenschaften zugeschrieben, die man gemeinhin auch mit Württembergern in Verbindung bringt: »Beständige Neigung zu trüber Betonung der Lebenserfahrung«, »große Gewissenhaftigkeit«, »zwanghafte Züge und Pedanterie«[27]. Ursache für diese Charaktereigenschaften ist nach Ansicht der Wissenschaftler der im pietistisch-protestantischen Arbeitsethos begründete Fleiß; die Angst, diesem Anspruch nicht gerecht zu werden, könne durchaus (endogene) Depressionen (womöglich verbunden mit einem Selbstmord) hervorrufen.

Religion, Kirche, Kirchenkonvent, Erziehung, Arbeitsethos und Ordnung lieferten entscheidende Verhaltensvorgaben, die eine Durchdringung aller Lebensvollzüge bewirkten und somit zur Entstehung eines »Überwachungsstaates« beitrugen; dieser wiederum stellt, so geformt, ein Element der politischen Kultur (Alt-)Württembergs dar.

Kontinuität

In den bisher besprochenen Grundlegungen für politische Kultur in (Alt-)Württemberg – der »Überschaubarkeit«, der »Gereimtheit« oder im »Überwachungsstaat« – in allen spielt ein Merkmal, wenn auch oftmals unausgesprochen, eine wichtige Rolle: die »Kontinuität«. Ohne diese hätte weder der Überwachungsstaat noch die Gereimtheit oder die Überschaubarkeit ihre umfassende Prägekraft erzielen können; denn erst durch Kontinuität wird eine langfristige Wirksamkeit gewährleistet.

»Württemberg besaß in den vergangenen drei Jahrhunderten ein großes Maß an politischer und sozialer Kontinuität«[1], eine Kontinuität, die, so unsere These, das langzeitliche und dynamische Element in der (alt-)württembergischen Sozial-, Kultur- und Geistesgeschichte darstellt. Sie erscheint in dieser Region als einer der wichtigsten Bestandteile politischer Kultur: Zum einen schafft Kontinuität Vertrauen und Sicherheit gegenüber der umgebenden Welt (man braucht ja nicht andauernd zu befürchten, daß völlig neue Sachverhalte und Situationen auf einen zukommen), zum andern ermöglicht Kontinuität die »gesicherte« Weitergabe von kollektiven politischen und sozialen Handlungsvorgaben an nachfolgende Generationen.

Kontinuität im Politischen

Ein Charakteristikum in der Geschichte (Alt-)Württembergs ist die sehr geringe Zahl von geschichtlichen »Brüchen«. In dieser Region scheinen geschichtliche Entwicklungen eher »gewachsen« – eins aufs andere gebaut. Gewiß, es gab Zeiten schnellen Wandels, aber starke Umbruchsituationen kündigten sich über einen längeren Zeitraum hin an, so daß man eher darauf reagieren konnte.

Die erste bedeutende Umbruchsituation nach der Reformation stand Württemberg mit Napoleon ins Land. Große territoriale Veränderungen gab es in bezug auf das Herzogtum Württemberg (= Altwürttemberg) vor Napoleon nicht; die Reformation wurde zwar unter Härten durchgeführt, doch läßt sich in den nachfolgenden Jahrhunderten durchaus von Kontinuität sprechen – Staat und Religion konnten sich etablieren.

Napoleon brachte mit einem Schlag die politische Landkarte in Deutschland völlig durcheinander. Festgefügte Strukturen änderten sich mit einer Schnelligkeit, die erschreckend und verunsichernd wirken mußte; »Revolutionen von oben« sorgten in vielen Ländern für neue politische Verhältnisse. Auch in Württemberg begann ein neues Kapitel: »Eine direkte Brücke, eine verfassungsgeschichtliche Kontinuität von den Landständen zum konstitutionellen Parlament des 19. Jahrhunderts gibt es in keinem südwestdeutschen Territorium.«[2]

Doch selbst im »diskontinuierlichen« Zeitalter der Französischen Revolution und Napoleons läßt sich in Württemberg Kontinuität erkennen: »Auch im neuen Königreich Württemberg war keine unmittelbare institutionelle Verknüpfung von den alten Landständen zum neuen

Landtag gegeben, dort allerdings hatte – in den altwürttembergischen Teilen des Landes – die ›altständische Welt der konstitutionellen Entwicklung des 19. Jahrhunderts eine reiche, auch aus dem Volksbewußtsein gespeiste Mitgift hinterlassen‹, die zur prägenden Kraft des neuen Landtags wurde.«[3]

Der Kampf ums »gute alte Recht« prägte Württemberg in der Zeit des nach-napoleonischen Umbruchs. Dieser Kampf hatte in einem Erfolg – und dies stellt eben die Kontinuität zu den vorangegangenen Jahrhunderten her: die Verfassung wurde nicht einseitig vom Monarchen erlassen (wie in anderen Ländern), sondern war in Vertragsform gehalten, ganz im Sinne des Tübinger Vertrags aus dem Jahr 1514, der ersten geschriebenen Verfassung des Landes.

Auch in der Folgezeit verlief das politische Leben in Württemberg »gleichmäßiger« als in anderen Ländern, d. h. weder progressive Zeitströmungen noch Phasen der Reaktion vermochten in Württemberg schnell Fuß zu fassen. »Modeströmungen« fanden kein großes Interesse. So auch in den dreißiger Jahren des letzten Jahrhunderts, als wieder aufrührerische Töne von jenseits des Rheins herüberkamen, aber in Württemberg äußerst zurückhaltend darauf reagiert wurde.

Selbst die Revolution von 1848 verlief in Württemberg um ein Vielfaches ruhiger, kontinuierlicher als zum Beispiel in Baden. Wie konstatiert doch Wilhelm Feil: »Damals (im Jahre 1849) überraschte ein französisches Journal ›Le peuple souverain‹ die Welt mit der Nachricht: ›In Vaihingen a. d. E. haben am Pfingstmontag die Soldaten ihre Offiziere fortgejagt und Brüderschaft mit den badischen Freischärlern geschlossen.‹ Selbstverständlich erlogen!«[4]

Das »kontinuierliche retardierende Element«, das die Geschichte Württembergs kennzeichnet, kam in den Revolutionsjahren 1848 und in der Zeit der anschließenden Reaktion zum Tragen. »Mit einer gewissen Verzögerung war Württemberg parallel zur Entwicklung im übrigen Deutschland weitgehend zum verfassungsrechtlichen Zustand vor der Revolution zurückgekehrt.«[5]

Die politischen Wellen schlugen in diesem Land nicht so hoch, weder auf die eine, noch auf die andere Seite. Daß das politische Leben kontinuierlich und mit »gewissen Verzögerungen« vonstatten gehen konnte, lag natürlich auch an Elementen der politischen Kultur, wie sie schon weiter oben beschrieben wurden. Das »Hinterwäldlertum«, die prinzipielle Zufriedenheit mit dem obrigkeitlichen Herrschaftsanspruch und das Ordnungsbewußtsein trugen sicherlich zu einem »gleichmäßigeren« Verlauf der Politik in Württemberg bei. Auf die Bedeutung der »Ordnung« im Verlauf der Revolte von 1848 weist auch folgendes: »Daß der König die Oberhand behielt, war um so eher möglich, als das Bürgertum keine soziale Revolution erstrebt hatte, die unter Umständen den eigenen Besitz gefährdet hätte, sondern nur eine mit rechtsstaatlichen Mitteln durchgezogene bürgerlich-liberale Reform.«[6]

Hier läßt sich fragen, ob in Württemberg 1848 tatsächlich so etwas wie eine Revolution stattgefunden hat. Nicht untypisch ist ja, daß die stärksten Umtriebe von den ehemaligen Reichsstädten wie z. B. Reutlingen ausgingen – und das eher aus antiwürttembergischem Ressentiment. Leute, die ganz »bhäb« auf ihr »Sach« achten und Demonstrationen auch heute lieber vom Fenster aus (mit Kissen auf dem Fenstersims) verfolgen – solche Leute waren anscheinend schon im letzten Jahrhundert schwerlich für Revolutionen zu begeistern. Selbst die letzte »Revolte«, die von 1968, war in württembergischen Universitätsstädten durch ein gehörig Maß an Sitte und Ordnung geprägt.

Auch in der Folgezeit nach 1848 verlief das politische Leben in Württemberg kontinuierlich, und zwar, wie das folgende Beispiel zeigen soll, kontinuierlich in Richtung stärkerer Demokratisierung. Hier ist die Demokratisierung des Wahlrechts hinsichtlich der Zweiten Kammer des Landtags von besonderem Interesse: »Württemberg hat dabei wohl auf Grund einer stärkeren demokratischen Strömung im Land 1868 das (allerdings nur auf Männer beschränkte) allgemeine, gleiche, direkte und geheime Wahlrecht für die Mehrheit der Abgeordneten der Zweiten Kammer eingeführt.«[7]

Diese Demokratisierung wurde fortgesetzt, so daß die privilegierten Abgeordneten (Angehörige der Ritterschaft, Vertreter der evangelischen und katholischen Kirche, ein Vertreter der Landesuniversität Tübingen) 1906 aus der Zweiten Kammer verschwanden. Die Zweite Kammer war nun eine reine Volkskammer.

In Württemberg scheint eins aufs andere gebaut, es gibt kein ungestümes Vorwärtsstreben, vor allem aber keine hinter die Ausgangsposition zurückfallende Reaktion. Vorsichtiges, jedoch kontinuierliches Voranschreiten in der politischen Entwicklung schafft beim einzelnen ein Gefühl der Sicherheit und des Vertrauens, da politische Vorgänge überschaubar bleiben und nur schwerlich das Gefühl aufkommen kann, theoretisch könnte alles und jedes einer sofortigen grundlegenden Änderung anheimfallen. Vertrauen als Grundlage für Verhaltenssicherheit – erreicht durch Kontinuität in den politischen Abläufen. Dazu hat sicherlich auch das gute Verhältnis von Regierung und Parlament in der »königlichen Republik Württemberg«, wie sich Kaiser Wilhelm II. einmal ausdrückte, beigetragen. Selbst die SPD tat das ihrige und stimmte 1909 in das Hoch auf den König ein.

Vorsichtiges Abwarten herrschte in Württemberg auch nach den Wirren des Ersten Weltkrieges. »Als angesichts der militärischen Niederlage im Oktober 1918 überstürzt die Reichsverfassung demokratisiert wurde, folgte Württemberg nur zögernd nach.«[8]

Zögernd begegnete man ferner dem Nationalsozialismus; so »verlief der Aufstieg der NSDAP in Württemberg sehr viel langsamer als im Nachbarland (Baden), und Wählerstimmen wie Mitgliederzahlen blieben bis 1933 deutlich unter den Werten Badens«[9], was ein Polizeibericht vom 20. 12. 1931 belegt: »Während im übrigen Reich der Aufschwung der nationalsozialistischen Bewegung in einem Tempo vor sich ging, das insbesondere nach den September-Wahlen 1930 das Bild von der ›rollenden Lawine‹ und von der ›ansteigenden Fieberkurve‹ gerechtfertigt hat, ist die Entwicklung in Württemberg zwar auch eine ständig aufsteigende gewesen, sie ist jedoch im Hinblick auf Mitgliederzuwachs und Einflußgewinn weit hinter anderen Ländern zurückgeblieben.«[10] Das Wahlergebnis der NSDAP lag dann auch bei den Reichstagswahlen 1932 in Württemberg um sieben Prozent unter dem Reichsdurchschnitt.

Thomas Schnabel wirft hierbei die Frage auf: »Wie kam es, daß die württembergische NSDAP nach der Aufgabe der Putschtaktik der Partei den Anschluß an die Entwicklung im übrigen Reich verlor und bis 1931/32 keine große Bedeutung im Land erlangte und noch nach der Machtergreifung 1933 große Schwierigkeiten hatte, die frei gewordenen Spitzenpositionen in Staat und Gemeinden mit Parteigenossen zu besetzen, die schon vor März 1933 Mitglied der NSDAP gewesen waren? Diese Frage ist um so interessanter, als die Sozial- und Konfessionsstruktur Württembergs den Erfolg der NSDAP hätte begünstigen müssen. Sowohl der hohe Protestantenanteil als auch die große Zahl von Selbständigen und mithelfenden Familienangehörigen sowie der überdurchschnittlich starke Anteil von Beschäftigten in der Landwirtschaft und im gewerblichen Mittelstand förderten in anderen Gebieten des Reiches den Aufstieg der NSDAP zur beherrschenden Partei.«[11]

Eine Beantwortung dieser Fragestellung ermöglichen unsere bisherigen Darlegungen: Der Verlauf der württembergischen Geschichte verdeutlicht, daß von außen ins Land kommende Ideen sich äußerst schwer in weiten Teilen des württembergischen Volkes durchzusetzen vermochten, wenn überhaupt. Auch fanden zentralisierende Tendenzen, wie sie ja von den Nationalsozialisten angestrebt wurden, beim Württemberger keinen großen Anklang, hatte er doch über Jahrhunderte hinweg das Ideal der dezentralen gemeindlichen und subregionalen Selbstverwaltung vor Augen. Nicht umsonst weist Thaddäus Troll darauf hin, daß der Württemberger das Wort »Vaterland« nicht kenne.

Doch diese Distanziertheit der Württemberger traf nicht nur die Nationalsozialisten, sondern auch die Kommunisten. Ursache hierfür mögen wiederum die für Württemberg charakteristischen kontinuierlichen Verhältnisse sein, wie auch die Polizei jener Tage vermerkt: »Der geringe Erfolg der radikalen Flügelparteien (ist) ohne Zweifel auf die in Württemberg seit Jahren gleichmäßig ruhigen politischen Verhältnisse (...) zurückzuführen.«[12]

Selbst in Zeiten starken äußeren politischen und wirtschaftlichen Drucks vertrauten die Württemberger eher dem Überlieferten und Geprüften und standen den von außen kommenden »Modeerscheinungen« äußerst skeptisch bis ablehnend gegenüber. Die kontinuierliche, Distanz schaffende Vorsicht währte nicht nur in den Jahren des heraufziehenden Nationalsozialismus; die Württemberger taten sich auch während des Verlaufs des Dritten Reichs nicht als besonders stramme Nationalsozialisten hervor. So stellt Thaddäus Troll fest: »Es gab unter den Schwaben (= Württemberger) manchen sturen, manchen dummen, manchen berechnenden Parteigenossen, aber wenig Denunzianten, Verbrecher, Gewalttäter. Man muß sogar den Mut haben zu bekennen, daß es selbst in der württembergischen Parteiführung noch so etwas wie menschlichen Anstand gab.«[13]

Allem Anschein nach war die Abneigung gegenüber den Nationalsozialisten so groß, daß das Denunziantentum, das ja jetzt verstärkt hätte aufblühen können, nur sehr begrenzt zur Entfaltung kam. Der Anspruch einer »totalen Weltveränderungspartei« ließ sich eben nur schwer mit dem sicherheitsorientierten »keine-Experimente-Standpunkt« der Württemberger in Einklang bringen. So verwundert es nicht, daß in der nationalen Parteispitze der NSDAP keine Württemberger zu finden waren.

Kontinuität bei Ämtern und gemeindlicher Selbstverwaltung

Mehr noch als in der »großen Politik« läßt sich Kontinuität in der örtlichen und überörtlichen Verwaltung (Alt-)Württembergs beobachten. Auf die Bedeutung der Gemeinden und Ämter sowohl für die (alt-)württembergische Geschichte als auch für die politische Kultur wurde bereits hingewiesen, wobei deren gemeinschaftsbildende Kraft im Vordergrund stand.

Permanente Veränderungen lassen gemeinschaftsbildende Kräfte nur begrenzt wirken; in (Alt-)Württemberg hingegen trug eine langjährige Kontinuität entschieden zur Gemeinschaftsbildung in Amt und Gemeinde bei: Über Jahrhunderte hinweg behielten Ämter und Gemeinden vom ausgehenden Mittelalter bis zur napoleonischen »Flurbereinigung« annähernd ihre territorialen wie inhaltlichen Ausformungen.

Selbst in Zeiten der napoleonischen Umwälzungen wirkte diese Kontinuität verzögernd. Sicherlich brachte der Beginn des letzten Jahrhunderts eine große territoriale Zäsur, jedoch: »Die Aufhebung und Zerschlagung der historisch gewachsenen Ämter, die zum Teil absichtliche Verwischung bisheriger Territorialgrenzen, die Zusammenfügung alt- und neuwürttembergischer Gebietsteile auch verschiedener Konfession zu neuen Verwaltungseinheiten – das alles ist für die davon betroffene Bevölkerung zunächst schmerzlich gewesen. Diktiert von politischen Notwendigkeiten und den Bedürfnissen einer moderner gestrafften Verwaltung, hat diese Bezirksorganisation sich jedoch bald eingespielt und dann über ein Jahrhundert lang bewährt. Die Oberämter aus der Zeit König Friedrichs, an deren Grenzen bis 1938 im ganzen kaum etwas geändert worden ist, haben sich als ein wesentliches Mittel der staatlichen ›Integration‹ des Königreichs Württemberg erwiesen.«[14]

Auch der Wesensgehalt der Amts- und Gemeindeverwaltung durchstand die Phase der Neuaufteilung. »Der Staat König Wilhelms I., wie er aus den Reformen der Jahre 1817 bis 1822 hervorgegangen ist, gehört mit seiner straffen Behördenorganisation, seiner verhältnismäßig freien Verfassung und der neugeordneten Selbstverwaltung der Gemeinden und Amtskörperschaften zu den modernsten im damaligen Deutschland. Die staatliche Bürokratie prägt seinen Geist und seine Verwaltungsformen viel stärker, als dies noch im 18. Jahrhundert das Beamtentum etwa in Altwürttemberg oder in Schwäbisch Österreich vermocht hatte. Aber gerade in der Gemeinde- und Bezirksverwaltung leben auch volkstümliche Elemente, die in alten und neuen Landesteilen bodenständige Wurzeln haben. Die Kontinuität zwischen den Amtskörperschaften des 19. Jahrhunderts und den ›Städten und Ämtern‹ Altwürttembergs ist mit den Händen zu greifen. Manche Neuerung der Organisationszeit ist nur die folgerichtige Weiterbildung altwürttembergischer Ansätze.«[15]

Der Grad an Selbstverwaltung war zwar Anfang des letzten Jahrhunderts gering, aber »bis nach der Jahrhundertmitte immer noch kräftiger als in den meisten deutschen Staaten; in Süddeutschland gibt es etwas Vergleichbares damals überhaupt noch nicht«[16].

Diese Art Fortschrittlichkeit ist für (Alt-)Württemberg charakteristisch und ausschlaggebend für politische Kultur. Aus dem Gefühl der Sicherheit heraus, daß Änderungen im politischen und gesellschaftlichen Bereich immer behutsam vonstatten gehen, kommt es zur vorsichtigen und doch kontinuierlichen Fortentwicklung des Bestehenden. Ohne diese Verhaltenssicherheit hätte das Vertrauen in Gemeinde(-politik) und in die darin agierenden Menschen – beides zentrale Komponenten politischer Kultur in (Alt-)Württemberg – nie erreicht werden können.

Gesetzgeberische Kontinuität wird vor allem in der Fortschreibung der Gemeindeverfassung deutlich. In den Jahren nach dem »Verwaltungsedikt für die Gemeinden, Oberämter und Stiftungen« (aus den Jahren 1818–1822), das den Selbstverwaltungsgedanken wieder stark aufnahm, gab es in Württemberg keine überzogenen Reaktionstendenzen. Im Gegenteil: Bei der nächsten umfassenderen Revision der Gemeindeverfassung im Jahre 1849 wurde der Wahlmodus im Gemeinderecht derart verändert, daß er als der demokratischste im damaligen Deutschland galt (annähernd allgemeines, gleiches und direktes Wahlrecht). Durch die enorme Aufgabenzuweisung an die Gemeinden bildete Württemberg den »linken Flügel« einer zumindest formalen Gemeindefreiheit. Auch die Änderung der Gemeindeverordnung von 1906/07 diente dieser kontinuierlichen Fortentwicklung. Im Zuge der Revolutionsjahre 1918/19 wurde die Gemeindeordnung zwar geändert, doch die vorgenommene Demokratisierung ist in Württemberg nicht so entschieden und schlagartig vonstatten gegangen wie in anderen Ländern. Vorsichtige Kontinuität und kontinuierliche Vorsicht prägten auch in diesem Fall die (gemeinde-) politische Situation; Gemeinde konnte so ihre Funktion als »Rückzugsort« in Zeiten einschneidend politischer Veränderungen bewahren.

Selbst in der Weimarer Republik traute man sich an eine grundlegende territoriale Neuaufteilung der Oberämter nicht heran. »Von den fünfundsechzig Oberämtern des Jahres 1817 war eines (Albeck bei Ulm) schon 1819 aufgehoben worden; alle anderen bestanden, nur in der Abgrenzung gelegentlich geringfügig verändert, in ihrer ursprünglichen, auf das Zeitalter der Postkutsche bemessenen Größe bis ins 20. Jahrhundert.«[17] 1911 konnte »das Ministerium Weizsäcker die vorgesehene Verminderung der Oberämter auf dreiundvierzig in der zweiten Kammer nicht durchsetzen, 1924 tritt die Regierung Hieber sogar zurück, weil sie mit der geplanten Aufhebung der sieben kleinsten Oberämter im Landtag scheitert«[18].

Mehrere Faktoren treffen hier zusammen: Ein an der Tradition orientiertes Verhalten, resultierend aus überwiegend positiven Erfahrungen mit dieser regionalen (Selbst-)Verwaltungseinheit, Vertrauen in Bewährtes und Angst, die überschaubaren Zusammenhänge zu verlieren, lassen starke Widerstände gegen eine Veränderung aufkommen. Selbst eine geringfügige Änderung eingeschliffener Strukturen löste den Rücktritt einer Regierung aus. Heutzutage sind Verwaltungsreformen einfacher durchzuführen: Anfang der siebziger Jahre mußte keine Regierung »den Hut nehmen«, als die letzte große Umgestaltung auf Kreis- und Gemeindeebene vollzogen wurde.

Gerade an diesen (Ober-)Ämtern wird die enorme Bedeutung der Kontinuität für die (Sozial-)Geschichte Württembergs deutlich. Während annähernd eines halben Jahrtausends – nur unterbrochen durch eine große Umgestaltung (Napoleon) – spielt sich das politische und soziale Leben für den Württemberger im (kleinräumigen) Amtsbezirk ab. Durch eine ausgeprägte Bedeutungszuweisung – nicht nur in Form der Selbstverwaltung – kann der einzelne zumindest de jure aktiv an diesem gemeinschaftlichen Leben teilnehmen.

Zurück zu der geplanten Neuaufteilung der Oberamtsbezirke während der Weimarer Republik. Die Regierungen dieser Zeit hatten nicht die politische Kraft, sich hier entscheidend durchzusetzen. Eine solche Zusammenlegung wäre sicherlich vonnöten gewesen, da sich die infrastrukturellen Anforderungen in den letzten hundert

Jahren grundlegend geändert hatten. »Erst die auf einen Landtag nicht mehr angewiesene nationalsozialistische Landesregierung ist in der Lage, die seit langem erörterten Pläne ins Werk zu setzen. Mit Wirkung vom 1. Oktober 1938 werden nicht weniger als siebenundzwanzig Kreise aufgehoben; das Land wird in vierunddreißig größere Landkreise und drei Stadtkreise (Stuttgart, Ulm, Heilbronn) eingeteilt.«[19]
Doch selbst für die Zeit der nationalsozialistischen Herrschaft läßt sich bezüglich der kleinräumigen Selbstverwaltung Kontinuität feststellen: »Durch Gesetz vom 29. Januar 1934 wurden die Bezeichnungen Kreis für das Oberamt und Kreisverband für die Amtskörperschaft in Württemberg eingeführt. Dieses Gesetz ist vor allem dadurch bemerkenswert, daß es zu einer Zeit, wo in Deutschland das kollegiale Zusammenwirken von gewählten Organwaltern weithin beseitigt wurde, die demokratische Tradition wahrte und sowohl für den Kreistag als auch für den Kreisausschuß den Aufgabenbereich zwingend vorschrieb. Wenn auch die Kompetenzen des Landrats eine erhebliche Ausweitung erfuhren, so blieb doch dem Kreisrat als Beschlußorgan ein angemessener Raum für die Teilnahme an allen wichtigen Entscheidungen. Auf diese Weise erhielt sich eine ungebrochene Kontinuität der überörtlichen Selbstverwaltung bis zu den 1945 erlassenen Kommunalgesetzen und der Landkreisordnung für Baden-Württemberg vom 10. Oktober 1955.«[20] Diese Kontinuität läßt beim einzelnen einen über Generationen verfestigten Vertrauensvorschuß gegenüber den politischen Abläufen in der ihn umgebenden Welt entstehen.

Kontinuierliches wirtschaftliches Hinterherhinken

Auf die wirtschaftlichen Rahmenbedingungen in (Alt-)
Württemberg haben wir bereits verschiedentlich hingewiesen. (Alt-)Württemberg besitzt so gut wie keine Roh-
stoffe, liegt abseits der großen Handelswege, ist agrarisch
strukturiert und durch Erbteilung zerstückelt. »Für den
gesamten Südwesten gilt mindestens für die erste Hälfte
des 19. Jahrhunderts, vergleichbar mit anderen deutschen
Landesteilen, daß das Wirtschaftsleben weitgehend von
der Agrarwirtschaft bestimmt wurde. 1822 waren in
Württemberg nur rund 7 Prozent, 1829 in Baden 10,5 Prozent der Bevölkerung in Handel und Gewerbe tätig.«[21]
Während in Baden zu dieser Zeit eine stetige, dynamische Entwicklung in den industriellen Bereichen einsetzte, herrschte in Württemberg deutliche Skepsis vor. Dies
läßt sich beispielhaft mit der Einführung der Eisenbahn
belegen: »Als auf dem (württembergischen) Landtag von
1842/43 der Eisenbahnbau auf die Tagesordnung gesetzt
wurde, hatte Bayern bereits 65 km und Baden 19 km Bahn
gebaut.«[22]
In Württemberg begleiteten Widerstände, Vorbehalte,
vielleicht sogar Ängste dieses neue Fortbewegungs- und
Transportmittel. Ursache hierfür mögen, neben anderen
schon dargelegten Faktoren, die »Schutzwälle« gewesen
sein, die Württemberg recht schwer für neue Ideen wie
die Eisenbahn zugänglich machten. Wendelgard von
Staden, die im Dritten Reich in der Nähe des altwürttembergischen Vaihingen an der Enz aufwuchs, weiß zu
berichten, daß den Menschen jener Zeit immer noch
bewußt war, daß die Bahnlinie weit entfernt vom Ort
gebaut wurde, »um möglichst wenig mit der ›Teufels-
bahn‹ zu tun zu haben«[23]. Die Eisenbahn war mehr als

nur ein weiteres Transportmittel, sie wurde »von einzelnen Pietisten geradezu als eschatologisches, die Endzeit ankündigendes Zeichen verstanden«[24] und daher der Verdammnisseite, dicht neben dem Höllenfeuer zugewiesen, wie das Zwei-Wege-Bild zeigt. Die Eisenbahn symbolisierte das Neue, Ungewohnte, die »Welt«, und das wollte man draußen behalten.

Diese Distanziertheit gegenüber neuen Entwicklungen war generell zu verzeichnen: »Bis weit in die vierziger Jahre (des letzten Jahrhunderts) herrschte in Württemberg die Meinung vor: ›Württemberg sei ein Agrarstaat und müsse es auch bleiben.‹ Die Quellen deuten sogar auf eine ›wahre Feindschaft gegen alles Fabrikwesen‹ hin.«[25] Jedenfalls lief die industrielle Entwicklung in Württemberg nicht zuletzt aufgrund der ungenügenden Verkehrsverhältnisse sehr schleppend an; zu diesen infrastrukturellen »Startschwierigkeiten« gesellten sich noch die »ideologischen Vorbehalte«, so daß das »Hinterherhinken« schon den Beginn des industriellen Prozesses in Württemberg kennzeichnete.

Dies bezieht sich vor allem auf die Groß- und Schwerindustrie. Andere Bereiche waren aber für die wirtschaftliche Entwicklung Württembergs ausschlaggebender: »Die größere Handwerksdichte in Württemberg (1861: 85 je 1000 Einwohner, Baden: 68 je 1000 Einwohner) bietet einen guten Ansatzpunkt für den Ausbau einer speziell mittelständischen, aus dem Handwerk herauswachsenden Industrie.«[26] Und diese wurde kontinuierlich und mit Bedacht ausgebaut. Vor allem eine intensiv betriebene staatliche Wirtschaftsförderung führte zur Etablierung einer beachtlichen Zahl von Spezialindustrien. Nicht umsonst ist ja Württemberg das Land der »Dichter, Denker und Feinmechaniker«.

Doch um die Mitte des letzten Jahrhunderts erschütterten manche Krisen die soeben in Gang gekommene industrielle Entwicklung. »Wenn tatsächlich die Krisenjahre nach 1873 Württemberg und Baden insgesamt – Württemberg eher noch als Baden – härter getroffen haben als andere deutsche Staaten, so zeigt sich doch Ende der 1880er Jahre, daß es der Anpassungsfähigkeit einer auf reicher handwerklicher Tradition beruhenden Wirtschaft (in Württemberg) möglich war, Strukturveränderungen zu überwinden und aus der Vielzahl kleingewerblicher Ansätze neue Entwicklungswege aufzubauen.«[27] Dieser Stagnationsphase in den siebziger Jahren folgte dann auch eine stetige wirtschaftliche Entwicklung, die so beispielhaft vonstatten ging, daß in den zwanziger Jahren dieses Jahrhunderts »die württembergische Wirtschaft sogar zum ›Vorbild‹ regionaler Entwicklung stilisiert wurde«[28]. Aber, und dies ist von zentraler Bedeutung, nicht nur die wirtschaftliche Entwicklung verlief jetzt stetig und kontinuierlich (nach oben), die behutsame Vorgehensweise machte sich auch auf einem anderen Felde bezahlt: Wirtschaftliche Krisen wirkten sich in Württemberg lange nicht so verheerend aus wie in anderen Gebieten Deutschlands. So stellte die Situation nach dem Ersten Weltkrieg »die badische Wirtschaft vor erhebliche Probleme, während sich für Württemberg die langsam angelaufene Diversifizierung und Modernisierung seiner Industrie nun auszuzahlen begann«[29].

Das »langsame Anlaufen« hatte sich bezahlt gemacht und führte beim einzelnen sicherlich zu einem größeren Vertrauen in seinen Staat, verbunden mit einer größeren Verhaltenssicherheit. Diese Verhaltenssicherheit wurde vor allem dadurch begünstigt, daß die geringere Krisenanfälligkeit der württembergischen Industrie das Ausmaß der Arbeitslosigkeit in Grenzen hielt. »Betrachtet man die Entwicklung der Arbeitslosenzahlen in Württemberg und im Reich zwischen 1928/29 und 1933, so zeigt sich ganz deutlich, daß Württemberg auf 1000 Einwohner sehr viel weniger Erwerbslose hatte als das Reich. Dies galt gleichermaßen für die Empfänger der Arbeitslosen- und der Krisenunterstützung wie für die Wohlfahrtserwerbslosen. Insgesamt war die Arbeitslosenzahl in diesen Jahren im Reich etwa doppelt so hoch wie in Württemberg.«[30]

Gesunde Wirtschaft und geringe Arbeitslosigkeit schaffen Vertrauen gegenüber dem Staat und den verantwortlichen Politikern. Oder anders herum: Marode Wirtschaft und hohe Arbeitslosenzahlen begünstigen eher neue, vielleicht radikale Ideen, die (umgehend) Abhilfe versprechen. Den Zusammenhang zwischen Krisenerscheinungen und Radikalität schlüssig zu belegen, fällt selbstverständlich schwer. Aber vielleicht ist nicht einmal so sehr Radikalität das Problem denn die Glaubwürdigkeit, und Glaubwürdigkeit hat eben auch mit Vertrauensvorschuß zu tun. »Zentrales politisches Problem der Weltwirtschaftskrise war die Glaubwürdigkeit der etablierten politischen Gruppen, d. h. die Fähigkeit der regierenden Parteien, der Bevölkerung und den Verbänden überzeugende Perspektiven zu bieten oder zumindest eine aktive und konsequente Politik zu betreiben. Dies ist in Württemberg mit Hilfe des günstigeren Krisenverlaufs sehr viel besser gelungen als in Baden.«[31]

In Württemberg schuf eine kontinuierliche wirtschaftliche Entwicklung Vertrauen in den Staat und führte zu verstärktem Selbstbewußtsein. Dies wird aus einer Anekdote deutlich, die Eugen Heck im »Ensinger Bilderbogen« erzählt:

»Als der liebe Herrgott wieder einmal in menschlicher Gestalt seine Erde inspizierte, da sah er einen am Wegrand sitzen, der bitterlich weinte, und als er ihn nach dem Grund seines Jammers fragte, da schluchzte jener nur um so lauter. Sagte der Herr zu ihm: ›Schau, lieber Mann, ich will dir's verraten, ich bin der liebe Gott selber, hab, wie du weißt, die Welt erschaffen und regiere sie auch. Glaubst du nicht, daß ich deine Not von dir nehmen könnte?‹ Doch der Mann schüttelte nur traurig den Kopf und sagte: ›Lieber Gott, deine Allmacht in Ehren, nicht einmal du kannst mir helfen. Wenn du mir aber versprichst, es niemand weiterzusagen, so will ich dir den Grund meiner Verzweiflung nennen: ich bin ein Schwab!‹ Da sei, so schließt die Geschichte, auch der Herrgott verstummt, habe sich abgewandt und sei weinend seines Weges gegangen. Inzwischen, so darf man vermuten, hat sich der arme Schwabe getröstet, seitdem sich herumgesprochen hat, daß Daimler-Benz auch in Rußland bekannt ist...«[32]
Mögen auch Hinterwäldlertum, wirtschaftliches Hinterherhinken, ja mangelnde Fortschrittlichkeit den »Schwaben« (= Württemberger) dereinst zu selbstmitleidigen Tränen gerührt haben; heutzutage ist die wirtschaftliche Prosperität des Landes in aller Munde, wie selbst ein jüngst zu lesender Werbeslogan einer Hamburger Firma bezeugt: »Wer sagt denn, High-Techs kommen meistens zu Späth?«

Vorsicht als durchgängiges Lebensmuster

Alle im Gesamtkapitel genannten Punkte verdeutlichen: Kontinuität konnte nur entstehen, weil anscheinend

»Vorsicht« oberster Grundsatz in Württemberg war. Vorsichtig und behutsam wurden die Gemeindeordnungen den jeweils notwendigen Verhältnissen angepaßt, behutsam die Oberamtsgrenzen beibehalten. Gewachsenes, Überliefertes scheint wichtiger als absolute Effizienz. Dies gilt auch für die wirtschaftliche Entwicklung; sie verlief nur deshalb so erfreulich, weil Vorsicht herrschte und auf überlieferte (Handwerks-)Strukturen aufgebaut wurde. Daß man mit dieser Vorgehensweise (bewußt oder unbewußt) Erfolg hatte, bestärkte den einzelnen in seiner »vorsichtigen« Einstellung.

In diesem Sinne ist es auch zu verstehen, wenn König Wilhelm I. von Württemberg einmal klagte: »Die ersten beiden Wörter, die meine Untertanen lernen, heißen: Noi eta.« Hier will der Württemberger nicht etwa seine Auflehnung gegen königliche Anweisungen kundtun, vielmehr meldet er zuerst seine Skepsis, seine Bedenken, seine Vorsicht an; Neues ist nicht ohne weiteres gefragt, selbst wenn es vom König kommt.

In den »Culturbildern aus Württemberg«, die ein aus Norddeutschland stammender Autor 1886 anonym publizierte, wird die alles in allem doch recht konservative und vorsichtige Grundeinstellung deutlich gebrandmarkt: »Die Heilighaltung der von den Vätern ererbten Tradition wird man daher als das bedeutendste Symptom des konservativ-agrarischen Charakters in Württemberg betrachten dürfen. Im Lande selbst ist man stolz auf diese Eigenschaft, es gibt nicht wenig Männer in Deutschland, welche ihren Ruhm singen. Im ganzen aber dürfte doch zweifelhaft sein, ob gerade dieser konservative und bis zum Eigensinn hartnäckige Zug im schwäbischen Wesen das Eindringen und Aufnehmen neuer, kulturbelebender Ideen wesentlich begünstigt.«[33] Daß dieses Eindringen fremder Ideen als positiv dargestellt wird, kann wohl nur einem »Norddeutschen« einfallen.

Die Bereitschaft, Neues bereitwillig aufzunehmen, fällt dem Württemberger auch im Bereich des Politischen schwer. Thaddäus Troll beklagt dies: »Es gab zwar viele Revolutionäre und Reformer im Lande, aber ihre Ideen waren Exportartikel. Dem Schwaben liegt es eben mehr, die Dinge zu ertüfteln und zu vertiefen, als sie zu ergreifen und sie zu wandeln. Eine Partei, die Fortschritt garantiert, die etwas bewegen, etwas verändern will, darf im Ländle ungeteilten Mißtrauens sicher sein, auch wenn sie die Zustände verbessert. ›'s Alte duad's no‹ – das gilt auch für eine erstarrte Politik.«[34]

»Vorsicht« stellt demnach ein durchgängiges Muster für alle Lebensbereiche dar und reiht sich in den umfassenden Oberbegriff der »Kontinuität« ein. Die starke Bedeutung, die der Kontinuität in dieser Region beigemessen wird, läßt vermuten, daß in (Alt-)Württemberg zuerst der Rückgriff auf Bestehendes und Bewährtes erfolgt, bevor das Wagnis unbekannter Neuerungen eingegangen wird.

Gemeindepolitik = Sachpolitik

Bislang haben wir uns mit den vorwiegend historischen Grundlegungen für politische Kultur in (Alt-)Württemberg beschäftigt. Nun soll aktuelles politisches Verhalten, speziell das Wahlverhalten in dieser Region dargestellt und mit Hilfe der ermittelten Grundlegungen interpretiert werden, um so ein umfassendes Bild politischer Verhaltensweisen und der sie mitbedingenden politischen Kultur zu erhalten.

Politische Kultur läßt sich als die »Verteilung von politischen Kenntnissen, politischen Wertüberzeugungen und politischen Verhaltensweisen innerhalb einer Bevölkerung« (Peter Reichel) beschreiben. Gerade das Wahlverhalten scheint nun ein bedeutender Gradmesser dafür zu sein, wie der einzelne Gesellschaft, Politik und Politiker einschätzt und bewertet. Diesen Überlegungen folgend soll zuerst das Wahlverhalten der Württemberger dargestellt werden, um eine Grundlage für Erklärungsansätze zu erhalten, die politische Kultur in dieser Region deutlicher zutage treten lassen.

Zuvor jedoch einige Bemerkungen zum verfügbaren Datenmaterial: Mit dem Zusammengehen von Baden und Württemberg im Jahre 1952 und nach der Verwaltungsreform zu Beginn der siebziger Jahre wurden überkommene territoriale Zuordnungen oftmals hinfällig. So rekrutieren sich seit Mitte der siebziger Jahre viele Landkreise (z. T. absichtlich) aus ehemals badischen und ehemals württembergischen Gemeinden. (Einige Gemeinden bestehen sogar aus ehemaligen badischen und württembergischen Ortsteilen.) Eine exakte Aufschlüsselung in ehemals badische und ehemals (alt-)württembergische Gemeinden müßte umfangreiche Neuauszählungen nach sich ziehen. Daher setzen wir (Alt-)Württemberg mit dem heutigen Regierungsbezirk Stuttgart gleich, das ehemalige Land Baden mit den Regierungsbezirken Freiburg und Karlsruhe.

Kommunale Wahlen

Vor allem bei kommunalen Wahlen kennt der Wähler zumeist die Kandidaten, beurteilt diese und ihre Aussagen auch nach persönlichen Motiven, nicht nur nach »politischen«. Diese »persönliche Auslese« wird dabei in Baden-Württemberg durch das Kommunalwahlsystem begünstigt, das eine feste Listenbindung nicht kennt und eine durch Panaschieren und Kumulieren erfolgte Stimmenhäufung erlaubt.

Die letzten *Gemeinderatswahlen* fanden in Baden-Württemberg am 28. Oktober 1984 statt. Hierbei errang die CDU im gesamten Landesgebiet 36,4 Prozent aller Stimmen, die SPD 23,5, die FDP/DVP 2,9, die Grünen 5,0 und die Wählervereinigungen 27,4 Prozent. Faßt man das beschriebene Wahlergebnis, das sich auf ganz Baden-Württemberg bezieht, zusammen, so stellt man fest, daß »nur« 67,8 Prozent der Stimmen auf die politischen Parteien

CDU, SPD, FDP/DVP und Grüne, aber über 27 Prozent auf die Wählervereinigungen, zumeist auf die »Freien Wähler« entfielen. Diese »Freien Wähler« stellen also mit über ein Viertel der Stimmen eine sehr beachtliche Größe in der baden-württembergischen Gemeindepolitik dar.

Deutlicher und aussagekräftiger werden diese Zahlen, wenn man sie nach den vier Regierungsbezirken aufschlüsselt. Hier zeigt sich, daß die Freien Wählervereinigungen (FWV) im Regierungsbezirk Stuttgart 28,2 Prozent der Stimmen errangen. Dieser Regierungsbezirk umfaßt zu großen Teilen unser Untersuchungsgebiet (Alt-)Württemberg. Im Regierungsbezirk Tübingen, der zumeist neuwürttembergische Teile in sich vereint, erhielten die Wählervereinigungen gar 39,6 Prozent. (Dieses auffallend hohe Ergebnis kommt hier auch dadurch zustande, daß in den stark ländlich geprägten Regionen Parteien vielfach keine eigenen Listen aufstellten, sondern als Wählervereinigungen zur Wahl antraten.)

Die obige Aussage muß also dahingehend ergänzt werden, daß die Wählervereinigungen (Freie Wähler) vor allem in *württembergischen* Gemeinden eine starke Bastion darstellen.

Bei der Wahlanalyse eines württembergischen Kreises wird die Bedeutung der »Freien Wähler« noch offenkundiger: So stellten z. B. bei der Gemeinderatswahl 1984 die »Freien Wählervereinigungen« mit 37,1 Prozent der Stimmen im Landkreis Böblingen mit Abstand das größte Wählerkontingent, in anderen Kreisen sieht es ähnlich aus (Esslingen 35,8 %, Heilbronn 33,3 %, Schwäbisch Hall 51,9 %).

Gehen wir ein paar Jahre zurück, in die Zeit des Wiederaufbaus nach dem Zweiten Weltkrieg. Die ersten bedeutenden Wahlen – die Gemeinderatswahlen in Württemberg-Baden – fanden am 27. Januar 1946 statt. Hier konnten im Landesbezirk Württemberg, der den württembergischen Teil Württemberg-Badens umfaßte, in Gemeinden bis 20000 Einwohner die politischen Parteien CDU, SPD, DVP und KPD nicht einmal 28 % der Sitze in den Gemeinderäten erringen. 72 % der Sitze fielen hingegen den Freien Wählervereinigungen oder den »Sonstigen« zu!

Parteipolitik war also in (Alt-)Württemberg auf Gemeindeebene nicht gefragt. Und dies setzt sich, zwar mit abschwächender Tendenz, bis heute fort. Die enorme Bedeutung der Freien Wählervereinigungen in den württembergischen Gemeinden wird noch augenfälliger, wenn im nächsten Kapitel Baden und die Rolle der politischen Kräfte auf kommunaler Ebene dort untersucht werden.

Bevor wir nun fragen, warum die Freien Wähler diese wichtige Rolle in (Alt-)Württemberg einnehmen und wir sehen werden, daß der Grund hierfür eben ganz entscheidend in der politischen Kultur dieser Region zu suchen ist, soll auf das Selbstverständnis der Freien Wähler eingegangen werden – ein Selbstverständnis, das selbst schon Rückschlüsse auf die politische Kultur zuläßt.

Die Freien Wählervereinigungen »wollen nicht Landespolitik machen (...) oder gar Bundespolitik, sondern Lokalpolitik. Sie gehen dabei von der Vorstellung aus, daß lokalpolitische Entscheidungen stärker sachbezogen und einzelfallbestimmt seien und von daher nicht aus politischen Gesamtkonzeptionen heraus, wie sie der Arbeit von Parteien zugrunde liegen, abgeleitet zu werden brauchten«[1].

So sehen sich die Freien Wählervereinigungen als

»Nicht-Partei« und im ausdrücklichen Gegensatz zu den politischen Parteien. Ein wenig pointiert könnte man die Freien Wähler so charakterisieren: Sie sind keine Partei, sie wollen keine Politik, sondern gehen als gestandene Männer und Frauen mit gesundem Menschenverstand an Sachprobleme heran.

Und dieser Anspruch wird, wie die Wahlergebnisse zeigen, gerade durch die württembergischen Wähler honoriert, weil sie selbst so denken; nicht nur bei Gemeinderatswahlen, sondern auch bei *Kreistagswahlen*. So errangen die Freien Wählervereinigungen bei den letzten Kreistagswahlen in Baden-Württemberg am 28. Oktober 1984 immerhin 16,75 Prozent der Sitze. Da die offiziellen Auszählungen oftmals den Blick für die tatsächlich existierenden Mehrheitsverhältnisse verstellen – Freie Wähler tauchen auch unter den »Gemeinsamen Wahlvorschlägen« auf – wurde für die vorliegende Arbeit eine geänderte Auszählung vorgenommen, so daß in Kreisen ohne jegliche Stimme für die FWV, aber mit einem gemeinsamen Wahlvorschlag von FWV und FDP/DVP, diese Stimmen als zu den Freien Wählervereinigungen gehörig angenommen und verrechnet wurden.

Wird diese neue Auszählung nun angewandt, so erhielten bei der oben erwähnten Kreistagswahl die Freien Wählervereinigungen im Regierungsbezirk Stuttgart 19,5 Prozent und im Regierungsbezirk Tübingen 25,1 Prozent aller Sitze. Also: den Freien Wählervereinigungen wird in (Alt-)Württemberg sowohl auf kommunaler als auch auf Kreisebene eine starke Bedeutung vom Wähler beigemessen.

Wie bei den Gemeinderatswahlen sollen nun die Ergebnisse der Kreistagswahlen unmittelbar nach dem Zweiten Weltkrieg zum Vergleich herangezogen werden: Bei

den Kreistagswahlen am 7. Dezember 1947 erhielten die
»Sonstigen«, worunter mehrheitlich die Freien Wählervereinigungen firmierten, im Landesbezirk Württemberg immerhin 20,3 Prozent der Sitze.

Betrachten wir nun, bevor wir zur Analyse der Wahlergebnisse kommen, die dritten kommunalen Wahlen in
Württemberg, die *Bürgermeisterwahlen*. In der Gemeindeordnung für Baden-Württemberg heißt es im § 45: »Der
Bürgermeister wird von den Bürgern in allgemeiner,
unmittelbarer, freier, gleicher und geheimer Wahl gewählt.« Diese Volkswahl des Bürgermeisters ist in (Alt-)
Württemberg etwas Gewachsenes und läßt sich teilweise
bis ins Mittelalter zurückverfolgen.

Wer wird nun in Württemberg zum Bürgermeister beziehungsweise Oberbürgermeister gewählt? Generell läßt
sich feststellen: Parteilose beziehungsweise parteiferne
Verwaltungsbeamte, die nicht aus dem Amtsort stammen. Diese Aussage soll nun anhand von Daten unter-
mauert werden.

Zuerst zur Verwaltungserfahrung: Hans-Georg Wehling
und H.-Jörg Siewert stellen fest, daß nur »16,3 % der
gegenwärtig amtierenden Bürgermeister in Baden-Württemberg zuvor nicht in der Verwaltung tätig waren. Zieht
man davon die 3,9 % Ehrenamtlichen ab, bleiben noch
12,4 % übrig. Davon allerdings sind 10,2 % in Baden im
Amt«[2]. Bleibt also für Württemberg nur ein verschwin-
dend geringer Rest an Nicht-Verwaltungsfachleuten als
Bürgermeister. In zwei »typischen« württembergischen
Landkreisen, in Böblingen und Heilbronn, können z. B.
nahezu alle amtierenden Bürgermeister eine explizite
Verwaltungsausbildung vorweisen.

Daß Bürgermeister mit Verwaltungsausbildung (= Fachbürgermeister) in (Alt-)Württemberg über eine lange

Tradition verfügen, dies belegen Daten aus dem Jahre
1955:

Fachbürgermeister in Nordwürttemberg 1955[3]

Einwohnerzahl	über 2000	1000– 2000	unter 1000	zusammen
Zahl der Gemeinden	208	247	524	979
davon haben FachBM	197	175	87	459
das sind in %	97,7	70,8	16,6	46,8

Der Bürgermeister in Württemberg muß also in der
Regel ein gehörig Maß an Verwaltungskenntnissen in
sein neues Amt mitbringen, doch damit nicht genug: Er
darf auch nicht aus seinem Amtsort stammen. Dies jedenfalls ergibt sich aus der erwähnten Bürgermeister-
studie von Hans-Georg Wehling und H.-Jörg Siewert:
»Von allen Bürgermeistern unserer Umfrage sind 17,8 %
in ihrem jeweiligen Amtsort aufgewachsen. Auch hierbei bestehen erhebliche Unterschiede zwischen Baden
und Württemberg. So stammen im badischen Landesteil 38,3 % aus dem Amtsort, 61,7 % nicht, davon 4,3 %
auch nicht aus Baden-Württemberg (...). Im württembergischen Landesteil sind demgegenüber nur 5 % im
Amtsort geboren, während 95 % von außerhalb
stammen.«[4]
Ziehen wir nochmals die Landkreise Böblingen und
Heilbronn heran, so stellen wir fest, daß nur 4,5 Prozent
der hier tätigen Bürgermeister aus ihrer Amtsgemeinde
stammen.
Als letztes und wohl wichtigstes Charakteristikum eines

Bürgermeisters in (Alt-)Württemberg ist dessen deutliche parteipolitische Distanziertheit zu benennen. In Baden-Württemberg gehört nur jeder zweite Bürgermeister einer Partei an (50,6 % parteilos, 49,0 % Mitglied einer Partei). Jedoch, und hier werden die regionalen Unterschiede deutlich, in der Region (Alt-)Württemberg (hier gemessen als Regierungsbezirk Stuttgart), sind 70,4 Prozent aller Bürgermeister parteilos und nur knapp 30 Prozent Mitglied einer Partei. In den beiden schon erwähnten Kreisen Böblingen und Heilbronn sind gar 92,2 Prozent beziehungsweise 72,7 Prozent aller dort amtierenden Bürgermeister parteilos.[5]

Diese parteipolitische Distanziertheit des Bürgermeisters hat in Württemberg eine lange Tradition, die selbst während der Zeit des Dritten Reiches fortdauerte: »Während sich im Reich fast jeder zweite Stadtvorstand von 1935 schon vor dem Januar 1933 zum Nationalsozialismus bekannt hatte, war es in Württemberg-Hohenzollern (d. i. Württemberg und Hohenzollern) nicht einmal jeder Fünfte.«[6]

In der Gegenwart hat die betont parteipolitische Distanziertheit des Bürgermeisters in (Alt-)Württemberg – neben regional-kulturellen Faktoren – auch mit einem Phänomen zu tun, das, Gerhard Lehmbruch weist darauf hin, allgemein die Entwicklung des lokalen Parteiensystems kennzeichnet: »Auf der Ebene der Lokalpolitik nähert sich das Erscheinungsbild der Parteien oft genug dem ihrer explizit parteilosen Konkurrenten an.«[7] Das bedeutet: die auf lokaler Ebene »vorherrschenden, ›parteilosen‹ Urteils- und Selektionskriterien«[8] führen dazu, daß sich die lokalen Parteien an diesen Vorgaben orientieren und sich ein »unpolitisches« Erscheinungsbild geben. Existieren solche »Urteils- und Selektionskriterien«, so ist es dann auch für den Bürgermeister ratsam, bei der Bevölkerung als parteidistanziert eingestuft zu werden. Gelten diese Vorgaben ganz allgemein für Gemeindepolitik, so sind die »parteidistanzierten« Ergebnisse für (Alt-)Württemberg dahingehend zu ergänzen, daß hier explizite lokale Parteipolitik aufgrund der beschriebenen Grundlegungen eben noch negativer eingeschätzt wird.

Warum nun in (Alt-)Württemberg diese verstärkte Tendenz hin zu den Freien Wählern auf gemeindepolitischer Ebene und das eindeutige Vorherrschen des parteiungebundenen Fachbürgermeisters? Die Beantwortung dieser Fragen führt uns zum Kern unserer Überlegungen über die politische Kultur in (Alt-)Württemberg.

Politikverständnis

Die Freien Wähler verstehen sich, wir haben oben darauf hingewiesen, ausdrücklich als »Nicht-Partei«, als Nicht-Parteileute, die als Fachleute an Sachprobleme herangehen wollen. Dies scheint über die Freien Wähler hinaus ein durchgängiges und in dieser Zuspitzung typisches Muster auf gemeindlicher Ebene in (Alt-)Württemberg zu sein: In den Gemeinden soll es so wenig Parteipolitik wie möglich geben. Auf württembergische Gemeinden läßt sich generalisierend das übertragen, was Albert Jakob für die Gemeinde »Hausen« – im Württembergischen gelegen – feststellte: »Daß Kommunalpolitik auch mit Politik zu tun hat, ist überhaupt nicht verständlich: die Frage, ob sie ihr Amt ›politisch‹ verstünden, wird von allen acht Gemeinderäten verneint, obwohl vier von ihnen Mitglieder einer politischen Partei sind. Diese Einschätzung läßt sich nicht als Problem bloßer Sprachregelung abtun. Der Begriff ›politisch‹ ist in Hausen reserviert für die sogenannte hohe (auch ›große‹) Politik, deren wesentliches Regulier- und Tariersystem die Parteien und bestimmte dunkel organisierte Verbände sind.«[9] Gemeinde wird als »parteipolitikfreie Zone« betrachtet, in der nach Sachverhalten entschieden werden muß und parteipolitische Klüngel keinen Platz finden.

Bei der Interpretation dieser Einstellungen und Verhaltensorientierungen gehen wir von der Annahme aus, daß die beschriebenen Grundlegungen für politische Kultur in (Alt-)Württemberg, die Überschaubarkeit, die Gereimtheit, der Überwachungsstaat und die Kontinuität, aktuelle politische Einstellungen und Verhaltensweisen, also auch das Wahlverhalten handlungsanleitend prägen. Durch Kontinuität und Gereimtheit entstand in (Alt-) Württemberg beim einzelnen eine sehr starke lokale und regionale Bindung. Über Jahrhunderte hinweg durfte der Württemberger das Gefühl haben, in seiner Gemeinde, seinem Amt »ernstgenommen«, respektiert zu werden. Wie sagte doch Walter Grube über das Amt: »Aber daß das Amt nicht nur Obrigkeit, daß er selbst (der gemeine Mann) nicht nur regierter Untertan ist, daß er vielmehr über die Organe seiner Dorfgemeinde zu seinem bescheidenen Teil am Lebenskreis dieses Amtsverbandes aktiv teilnimmt – das macht doch auch seinen Stolz aus.«[10]

Dies gilt für Amt und Gemeinde. Ob kommunale Selbstverwaltung oder Volkswahl des Bürgermeisters, seit Jahrhunderten war es dem Württemberger möglich, sich am (gemeinde-)politischen Geschehen zu beteiligen.

Ein ganz entscheidender Punkt tritt noch hinzu: Dem einzelnen gelang es in (Alt-)Württemberg nur deshalb, eine gefühlsmäßige Bindung zu seiner Gemeinde aufzubauen, weil Gemeinde und Amt überschaubare, kleine Einheiten darstellten, die sich über Jahrhunderte hinweg nur anläßlich der napoleonischen »Flurbereinigung« in Größe und Zusammensetzung änderten. Hier wurde nicht laufend neu eingeteilt und anders zugeordnet, vielmehr herrschte eine Stabilität, die es erst ermöglichte, daß der einzelne eine gefühlsmäßige Beziehung zu dieser lokalen Einheit herzustellen vermochte.

Faßt man diese Punkte zusammen, das Mitspracherecht, die kleinräumigen Verwaltungseinheiten und die Kontinuität im Belassen gewachsener Strukturen, so läßt sich feststellen, daß der Württemberger durchaus eine gewisse Geborgenheit in seiner Gemeinde und seiner engeren Region empfinden konnte.

Benötigt man dann für heutige Gemeinde-»politik« überhaupt Parteien, die ja erst in Zeiten wachsender »Entfremdung« entstanden sind?

Benötigt man dann in württembergischen Gemeinden Parteien, wenn man in einem gewissen Maße Interessenübereinstimmung in weiten Teilen der Gemeindebevölkerung voraussetzt, eine Interessenübereinstimmung, deren Fehlen ja erst die Entstehung von Parteien mit begünstigte?

Benötigt man dann in württembergischen Gemeinden überhaupt Parteien, wenn man in Gemeinde und Amt (Kreis) seine Angelegenheiten immer mehr oder weniger selbst geregelt hat und dies nie völlig überlokalen Institutionen wie zum Beispiel den Parteien überließ?

Warum soll man in einer Gegend, die doch stark vom Pietismus geprägt ist, der sich ausdrücklich gegen Politik wendet, nun plötzlich sein Heil in und mit einer politischen Partei suchen?

Warum soll man sich hinter Parteien »verstecken«, wo

doch in Württemberg immer der einzelne und die Einzelpersönlichkeit im Vordergrund stand?

Also: Parteipolitik hat in (alt-)württembergischen Gemeinden einen schlechten Stand, weil hier die Voraussetzungen fehlen, daß Parteien in größerem Ausmaß zur Regelung kommunaler Angelegenheiten mit herangezogen werden müssen. Denn die über Jahrhunderte hinweg gewachsenen Grundlegungen für politische Kultur schufen bei den Bewohnern dieser Region ein Weltbild, das die einzelne (überschaubare) Persönlichkeit im Mittelpunkt der (politischen) Handlungsorientierung sieht, eine Persönlichkeit, die die anfallenden Geschäfte nach Aktenlage und nicht nach dem anonymen Programm einer (unüberschaubaren) Partei regelt. Daher auch die überdurchschnittlich starke Bedeutung der Freien Wählervereinigungen in (Alt-)Württemberg, deren Anspruch (dezidierte »Nicht-Partei«) hier auf einen besonders fruchtbaren Boden fällt.

Doch auch auf dies gilt es hinzuweisen: Eine Gemeinde steht nicht im staatsfreien Raum, sondern will nach außen hin vertreten sein, will von außen unter anderem auch Gelder beziehen. Daher ist es notwendig, einen Vertreter, sprich: einen Bürgermeister zu benennen, der zum einen Sachkenntnis (= Verwaltungsschulung) besitzt und zum anderen nicht auf die Idee kommen kann, sich, seiner Familie oder seinen (politischen) Freunden in zu hohem Maße wohlgesonnen zu sein. Daher haben Kandidaten mit Verwaltungsausbildung, die von außerhalb stammen und kein Parteibuch besitzen, besonders gute Chancen, in (alt-)württembergischen Gemeinden gewählt zu werden. Dieser parteilose Bürgermeister bietet die größte Gewähr, daß er nicht hinter der Anonymität einer (unüberschaubaren) Partei verschwindet und dem Anspruch der gestandenen Persönlichkeit so nicht gerecht werden könnte.

Vergemeinschaftung

Politische Kultur charakterisierten wir als die Summe von Glaubensüberzeugungen, Werthaltungen und Meinungen, die innerhalb einer Bevölkerung bestehen. Für (Alt-) Württemberg konnten wir feststellen, daß diese Einstellungen in hohem Maße am Überlieferten orientiert sind und hierbei vor allem kleinräumigen Einheiten eine zentrale Bedeutung zukommt. Auch sahen wir, daß in den kleinräumigen Einheiten (Amt und Gemeinde) Voraussetzungen existierten, die ein gemeinschaftliches Miteinander in diesen überschaubaren Räumen förderten.

Es gilt nun zu fragen, ob dieses gemeinschaftliche Miteinander nicht auch das entscheidende Element bei der Erklärung der politischen Kultur in (Alt-)Württemberg darstellt. Hier ließen sich nämlich die Linien der Überschaubarkeit, der Gereimtheit, des Überwachungsstaates, der Kontinuität und des (kommunalen) Wahlverhaltens gebündelt aufgreifen und weiterverfolgen.

Wählt man in Fortführung dieser Überlegung einen Begriff Max Webers, den er in Anlehnung an das Begriffspaar »Gemeinschaft und Gesellschaft« entwickelte, nämlich die »Vergemeinschaftung«, so läßt sich zugespitzt formulieren, daß diese die gemeinsame Grundlage politischer Kultur in (Alt-)Württemberg darstellt: »›Vergemeinschaftung‹ soll eine Beziehung heißen, wenn und soweit die Einstellung des sozialen Handelns (...) auf subjektiv gefühlter (...) Zusammengehörigkeit der Beteiligten beruht.«[11] Jedoch »keineswegs jede Gemeinsam-

keit der Qualitäten, der Situation oder des Verhaltens ist
eine Vergemeinschaftung. Z. B. bedeutet die Gemein-
samkeit von solchem biologischem Erbgut, welches als
›Rassen‹-Merkmal angesehen wird, an sich natürlich
noch keinerlei Vergemeinschaftung der dadurch Ausge-
zeichneten (...). Aber auch wenn sie auf eine Situation
gleichartig reagieren, so ist dies noch keine Vergemeinschaftung, und auch das bloße ›Gefühl‹ für die gemeinsame Lage und deren Folgen erzeugt sie noch nicht. Erst
wenn sie auf Grund dieses Gefühls ihr Verhalten irgend-
wie aneinander orientieren, entsteht eine soziale Beziehung zwischen ihnen (...) und erst, soweit diese eine
gefühlte Zusammengehörigkeit dokumentiert, ›Gemeinschaft‹.«[12]
Solche Gemeinschaftsorientierung heißt aber nicht, daß
der einzelne keine Selbständigkeit besitzt, »oder gelegentlich auch etwas tun kann, was nicht mit der Gemeinschaft zusammenhängt in Arbeit, Vergnügen oder Wissen, überhaupt nicht, daß das Problem ›Einzelner –
Gemeinschaft‹ einfach zugunsten der Gemeinschaft ausgeschaltet wäre. Aber die Selbständigkeit des einzelnen
darf hier doch nicht frei werden von der Gemeinschaft«[13].
Wir sagten, daß die politische Kultur (Alt-)Württembergs
grundlegend durch die »Vergemeinschaftung« gekennzeichnet ist. Eine wichtige (sozial-)geschichtliche Entwicklung müssen wir dabei in den Mittelpunkt rücken,
die uns – wir dürfen hier schon vorgreifen – für den
unterschiedlichen Grad an Vergemeinschaftung in (Alt-)
Württemberg und Baden entscheidend zu sein scheint:
Der Prozeß der *Modernisierung,* der gegen Ende des 18.
und zu Beginn des 19. Jahrhunderts einsetzte und unserer
heutigen Gesellschaft ihre charakteristische Prägung gab,

führte dazu, daß »Vergemeinschaftungen« ihre umfassende Wirkkraft verloren und zugunsten von Vergesellschaftungstendenzen zurückgedrängt wurden. Das heißt: Mit Beginn der Modernisierung ändern sich allmählich die Beweggründe für politisches und soziales Handeln. Von nun an steht nicht mehr allein das Gefühl der Zusammengehörigkeit bei den Betroffenen im Vordergrund, viel stärker sieht der einzelne sich jetzt gezwungen, seine eigenen Interessen auch gegen den Widerstand anderer zu vertreten und durchzusetzen. Zu solcher Interessendurchsetzung bedient er sich dann der politischen Parteien.

Dieser Prozeß ist generell für die moderne Gesellschaft kennzeichnend, also auch für (Alt-)Württemberg, das sich jedoch von seinem badischen Nachbarn insofern unterscheidet, als hier die beschriebenen Grundlegungen politischer Kultur entscheidend dazu beitrugen, daß der Prozeß der Modernisierung zögerlicher initiiert und vorangetrieben wurde und sich so der Gemeinschaftsgedanke unter den Bewohnern dieser Region bis heute stärker erhalten konnte.

Dieser überlieferte Gemeinschaftsgedanke ist letztendlich auch dafür verantwortlich, daß Gemeinde als »parteipolitikfreie Zone« angesehen wird, in der Interessendurchsetzung mittels Parteien nur sehr bedingt gefragt ist.

Baden: Das Land
und seine Geschichte

Baden, das Land »zwischen Rhein und Schwarzwald, Bodensee und Neckar, von der Schweizer Grenze bis zum Einfluß des letzteren in den Rhein und bis Wertheim am Main in der Länge von sechzig Meilen, und die größte Breite von Basel bis Konstanz mag zwanzig betragen. Es hat die Gestalt eines gefüllten Quersackes oder einer Blutwurst – oben und unten voll, in der Mitte aber so schmal, daß in der Gegend der Murg die Breite kaum acht Stunden betragen wird. Das Land ist mehr bergig als eben, der Schwarzwald nimmt beinahe den dritten Teil hinweg, und auch der Odenwald greift stark ein«[1].

So beschreibt Karl Julius Weber das großherzogliche Baden zu Beginn des 19. Jahrhunderts. Napoleon war, wie bei so vielen anderen Staaten, auch an der Entstehung des Großherzogtums maßgeblich beteiligt. Im Zuge der napoleonischen Umgestaltung Europas wuchsen die ehemaligen Markgrafschaften Baden-Baden und Baden-Durlach (die Markgrafschaft Baden-Baden fiel 1771 an Baden-Durlach) bis zum Jahr 1806 auf das Vierfache ihrer einstigen Größe an – und dies innerhalb weniger Jahre. Gab es darüber hinaus in den Markgrafschaften (vor Napoleon) nur 165 000 Einwohner, so im großherzoglichen Baden 900 000.

Dieser bedeutende Zuwachs an Land und Leuten, aber auch an (inter-)nationaler Geltung, dokumentiert in der 1806 erhaltenen Großherzogenwürde, galt als »Akt beispiellosen Machiavellismus«, da sich Baden »mit dem erklärten Feind des eigenen politisch-sozialen Systems«[2], eben dem revolutionären Frankreich verband und sich auf diese Weise einen enormen Bedeutungszuwachs verschaffte. Der erste Satz in der »Geschichte der badischen Verwaltungsorganisation und Verfassung in den Jahren 1802–1818« von Willy Andreas lautet daher schlicht: »Das Großherzogtum Baden ist eine Schöpfung der französischen Revolution.«[3]

Doch wer und was kam denn alles zum Großherzogtum Baden? »Land und Leute kamen aus Teilen Vorderösterreichs (der Breisgau z. B.), die beeinflußt waren von der josefinischen Aufklärung. Sie kamen von Fürstenberg, von Löwenstein, von der Kurpfalz, von Reichsabteien und Reichsstädten, von den Hochstiften Basel, Straßburg, Speyer und Konstanz und auch aus mediatisiertem reichsritterschaftlichem Besitz. Alles in allem war dieses Land ein sehr heterogenes Gebilde, um so mehr als die beiden badischen Markgrafschaften Baden-Baden und Baden-Durlach nach jahrhundertelanger Trennung erst seit 1771 vereint und daher nicht integrierend im Staatsganzen wirken konnten. Politisch, konfessionell, kulturell und sozial war daher das Großherzogtum Baden ein vielschichtiges Konglomerat.«[4]

Dieses »vielschichtige Konglomerat« veranlaßt uns, Baden als völlige Neuschöpfung, als Kunstprodukt aufzufassen und somit in seiner *Gesamtheit* zur Analyse der regionalen politischen Kultur heranzuziehen. Denn hier in Baden dominierten keine Stammlande, die mit Altwürttemberg vergleichbar gewesen wären. Keines der vormals eigenständigen Länder konnte versuchen, seine eigene Kultur den anderen als vorbildlich aufzuzwingen. Baden als neuer, nachnapoleonischer Staat, zusammengewürfelt aus ehemals mehr oder weniger unabhängigen und gleichberechtigten Ländern unterschiedlichster Traditionen, mußte, was seine politische Organisationsform und seine staatliche Einheit anbelangt, etwas völlig Neues schaffen. Bei diesem Unterfangen orientierte man sich, »stärker als irgendwo sonst in Deutschland«[5], am Vorbild Frankreich, jenem Staat, der für die Menschen der damaligen Zeit als der fortschrittlichste galt. Dementsprechend wurde das Land zentralistisch-bürokratisch organisiert, das Recht dem Code Napoleon angeglichen, die Verwaltung nach rationalen Prinzipien durchgestaltet. Natürlich begünstigte auch die territoriale Nachbarschaft und die quasi-offene Grenze (Rhein) – wir kommen später noch darauf zu sprechen – den verstärkten französischen (und auch schweizerischen) Einfluß.

Die Konstituierung des (großherzoglichen) badischen Staates schuf mannigfaltige Probleme, war doch dieser bunt zusammengewürfelte Reigen von Ländern und Regionen ohne Ansatzpunkte für eine gemeinsame staatliche Einheit. Um den auseinanderstrebenden Kräften entgegenzuwirken, beschloß man daher, »dem Land eine moderne Repräsentativverfassung zu geben. Formal stützte sich der Beschluß auf den berühmten Artikel 13 der Wiener Bundesakte von 1815, der verfügt hatte, daß in jedem Bundesstaat ›eine landständische Verfassung stattfinden‹ solle. Aber ganz abgesehen davon, daß dabei wohl doch mehr an die Wiederbelebung ständischer Institutionen und eben nicht an eine moderne Repräsentativverfassung gedacht gewesen war, war das eigentliche Motiv gerade das Bestreben, die Existenz und die

Einheit des Staates jenseits des Legitimitätsprinzips auf etwas wesentlich Neues, auf den Einheitswillen und das Selbstbewußtsein der Untertanen, der Bevölkerung zu stützen, beides bewußt zu wecken und zu verstärken«[6].

So kam es, daß Baden 1818 eine vom Fürsten gegebene, nicht wie in Württemberg eine auf vertraglicher Grundlage basierende Verfassung erhielt, die als die freisinnigste im Deutschland der damaligen Zeit galt und die vordringlich dem Zweck dienen sollte, eine staatliche Einheit in Baden zu fördern.

Doch die Reaktion ließ nicht lange auf sich warten. Schon im April 1819 erließ Großherzog Ludwig ein Edikt, das dem Adel wieder mannigfaltige Sonderrechte einräumte; auch sahen sich die Liberalen im Laufe der zwanziger Jahre starken obrigkeitlichen Repressionen ausgesetzt.

Wie 1789 tönte auch 1830 wieder »Revolutionslärm« von Frankreich über den Rhein. Und wieder verfehlte er sein Ziel in Baden nicht: Eine neue Welle freiheitlicher Bestrebungen wogte durch das Land; die Zensur wurde aufgehoben, Liberale in Ministerien berufen. Doch das Pendel schlug, anscheinend typisch für badische Verhältnisse, von einem Extrem wieder ins andere. Im Laufe der dreißiger Jahre führte man die Zensur wieder ein, liberale Abgeordnete hatten im Landtag einen äußerst schweren Stand: Die Reaktion trat erneut auf den Plan.

1848 – wieder sprang der revolutionäre Funke von jenseits des Rheins nach Baden über. »Die Revolution des Jahres 1848 entsprang nicht der deutschen Entwicklung, sie wurde hierher vielmehr von außen übertragen«[7] und in Baden anscheinend besonders gern aufgenommen, denn 1848/49 steht Baden im Brennpunkt des Geschehens. Doch warum gerade Baden?

Franz X. Vollmer gibt eine mögliche Erklärung hierfür,

wenn er darauf verweist, »daß die sozio-ökonomischen Verhältnisse nicht in erster Linie und auf keinen Fall ausschließlich für die vorrevolutionäre Situation 1847/48 in Baden verantwortlich sind. Sehr gewichtige, wohl entscheidende Ursachen scheinen dagegen im sozial-psychologischen Bereich angesiedelt zu sein: Man lebte in einer staatlichen Ordnung, die man nicht ernst nehmen konnte und wollte, der die Glaubwürdigkeit fehlte. Die Erinnerung an die Veränderlichkeit der Verhältnisse war noch frisch. In den Jahren 1803 bis 1815 waren jahrhundertealte Grenzen und Strukturen mit einem Federstrich beseitigt worden, die den Gebietserwerbungen folgende innere Neuorganisation des Großherzogtums Baden hatte Orte mit alter Zentralfunktion degradiert, man war mit Orten, die bisher einem anderen Territorium zugehört hatten und von denen man sich durch verschiedenartige geschichtliche Erfahrungen und Gewohnheiten, vor allem oft durch Konfessionsgrenzen getrennt fühlte, in neuen Verwaltungseinheiten zusammengeworfen worden. Wenn so Zustände, die für viele Generationen als gegeben hingenommen worden waren, sich als so veränderbar und veränderlich entpuppt hatten, wie sollte man da nicht den Gedanken weiterspinnen, daß auch andere Dinge, deren Vernünftigkeit von vielen bezweifelt wurde, zu verändern seien?«[8]

Dies scheint über die Jahre 1848/49 hinaus von zentraler Bedeutung auch und gerade für die Entstehung der politischen Kultur in diesem Land zu sein und bedarf deshalb unserer gesteigerten Beachtung.

Nach den Revolutionsjahren begann das Pendel wieder in die andere Richtung auszuschlagen: Die nachrevolutionäre Reaktion beseitigte in Baden nahezu alle liberalen Gesetze und Verordnungen. »Erst ab den sechziger Jahren konnte der Liberalismus seine Reformarbeit wieder voll aufnehmen. Insgesamt bedeutete also die Revolution eine erheblich zeitliche Unterbrechung und Verzögerung im inneren Modernisierungsprozeß Badens.«[9]

Mit der liberalen Ära ab 1860 beginnt auch die Zeit der schärfsten Auseinandersetzungen zwischen der katholischen Kirche und den staatlichen Organen – Auseinandersetzungen, bekanntgeworden unter dem Schlagwort »Kulturkampf«. Da wir diese spannungsgeladene Phase als zentral für die Entwicklung politischer Kultur in Baden erachten, werden wir uns noch detaillierter mit diesem Phänomen beschäftigen müssen.

1870 wird Baden Bundesstaat des von Bismarck geschaffenen Deutschen Reiches, geht dabei seiner auswärtigen Vertretungen verlustig, ebenso seiner Oberhoheit über die Post und das Militär. Die Stimmung in Baden während des Bismarckreichs war stark von Resignation gekennzeichnet. Es drohte eine zunehmende Provinzialisierung, da nahezu alle Macht in Berlin lag und Baden wesentlich weniger Reservatsrechte für sich in Anspruch nehmen konnte als Württemberg und Bayern. Diese resignative Grundhaltung wird an zwei Beispielen deutlich: Baden brachte zum einen keine einzige Gesetzesinitiative in Berlin ein, und zum andern ist die Bemerkung Großherzog Friedrichs zu einer Vorlage des Staatsministeriums aus dem Jahre 1874 charakteristisch: »Ich bin für die Zustimmung des dem Bundesrat von Preußen gestellten Antrags auf siebenjährige Feststellung der Friedenspräsenz, obgleich ich grundsätzlich dagegen bin.«

Auch während der Weimarer Republik zeigen sich markante Unterschiede zwischen Württemberg und Baden. »Ob es sich um die Regierungskoalition oder Regierungspolitik handelt, ob es um den Aufstieg der NSDAP und

ihr Verhalten im Landtag geht oder ob man sich mit der wirtschaftlichen Entwicklung beschäftigt: In Baden war fast alles anders als in Württemberg.«[10]
Warum diese Unterschiede existierten und ob diese ihrerseits Rückschlüsse auf eine spezifische politische Kultur zulassen, soll später untersucht werden. Wir wollen nun aber zuerst, ähnlich wie in den Kapiteln über (Alt-) Württemberg, die politische Kultur Badens anhand von vier »Grundlegungen« charakterisieren. So gilt es im einzelnen über folgende Aspekte zu berichten: »Über-schaubarkeit« und »Ungereimtheiten«, »Grenzenlose Freiheit« und »Diskontinuitäten«.

Über-schaubarkeit

Eine Grundlegung für politische Kultur stellt in Baden die
»Über-schaubarkeit« dar. Über-schaubarkeit meint zunächst einmal, daß es in Baden leichter fällt, den Blick
vom eigenen örtlichen und gemeindlichen Leben auf
andere Gebiete, Länder und Lebensweisen zu richten.
Eine Voraussetzung hierfür ist das »offene Land«, das erst
den Blick freigibt für ein »Darüber-hinaus-Schauen«.
Daher wird nun, vergleichbar mit (Alt-)Württemberg, das
So-Sein des Landes, die Geographie Badens, im Mittelpunkt der Betrachtungen stehen, um daraus Rückschlüsse auf das So-Sein der dort lebenden Menschen ziehen zu
können.

Offenes Land

Der Rhein bildet die »Korsettstange« des großherzoglichen Badens, das Rückgrat. Auf der gegenüberliegenden
Seite hilft der Schwarzwald, Baden mit einzubetten. Dies
bedeutet nicht, daß der Rhein in einem ausschließenden
Sinne Grenze und Begrenzung war, um so als Schutz
gegenüber den Nachbarn zu wirken – gerade das Gegenteil war der Fall. Zu den Franzosen und Schweizern

pflegte man sehr gute und intensive Kontakte wirtschaftlicher und kultureller Art, es gab ein Hinüber und Herüber. Diese Kontaktpflege wirkte sich nicht nur in vordergründig nebensächlichen Angelegenheiten aus wie in der Tracht oder in den Speisegewohnheiten. »Mehr als ein Jahrhundert lang lag Paris näher als Berlin.«[1] Der Rhein war nicht nur durchlässig für Blicke nach draußen und Blicke herein – er brachte auch Menschen nach Baden, diente er doch seit langem als wichtige Verkehrsader, eine Verkehrsader, die Württemberg fehlte. Geschäftsleute, Handwerker, Künstler, Gelehrte, Menschen aller Couleur kamen über diesen Strom ins Land. Baden zählte zu den klassischen Reisegegenden des 19. Jahrhunderts; besonders Mannheim galt als »Tor nach Baden«. Diese Menschen machten die Badener vertraut mit anderen, oftmals fremdartigen Lebensbräuchen und Sitten; sie brachten »Welt« nach Baden, wodurch man immer auf dem laufenden, immer informiert war.

Ein Zusammenhang zwischen dem So-Sein des Badener Landes und seinen Bewohnern wird bereits deutlich: Das offene Land bietet dem Badener die Möglichkeit, durch Kontakte mit fremden Menschen neue Ideen und Vorstellungen kennenzulernen und eventuell als die seinen anzunehmen. Die überlokale und überregionale Orientierung gewinnt dadurch für den einzelnen an Bedeutung.

Diese Über-schaubarkeit ist als Grundlegung für politische Kultur in Baden eine Voraussetzung für alles weiter zu Beschreibende. Ideen und Einflüsse von außen spielen nämlich in der badischen Geschichte eine bedeutsame Rolle; und mitverantwortlich hierfür war das offene Land, das einen intensiven Kontakt mit anderen Menschen, Völkern und Ideen geradezu förderte.

Nicht nur das Darüber-hinaus-Schauen in andere Länder war für Baden charakteristisch, sondern auch eine innerbadische Unüberschaubarkeit, d. h. Großflächigkeit; die Verwaltungseinheiten (Amtsbezirke, Kreise) präsentierten sich nämlich in solch großer flächenmäßiger Ausdehnung, daß eine Überschaubarkeit und ein Zusammengehörigkeitsgefühl innerhalb dieser Räume nur schwer entstehen konnten. Der einzelne fand hier nur sehr bedingt Orientierungspunkte.

Die Ämter, die ja in (Alt-)Württemberg für den einzelnen diese »kleinräumige Sehweise« herzustellen vermochten, erlangten in Baden bei weitem nicht diese Bedeutung. Die altbadischen Ämter der Markgrafschaften Baden-Durlach und Baden-Baden waren im Durchschnitt doppelt so groß wie die altwürttembergischen, und die Selbstverwaltung fehlte auf dieser Ebene in Baden völlig, eine Selbstverwaltung, die in (Alt-)Württemberg vehement zu einem Zusammengehörigkeitsbewußtsein innerhalb des überschaubaren Amtes beitrug.

Auch die Reformen zu Beginn des letzten Jahrhunderts waren in Baden nicht von der Vorstellung getragen, Gemeinden zu kleinen überschaubaren Einheiten zusammenzufassen und diese dann mit weitgehenden Selbstverwaltungskompetenzen auszustatten. Ganz im Gegenteil: »Das ganze Land wurde (im Jahre 1809) in zehn Kreise aufgeteilt, die sich, 1810 auf neun vermindert, ihrerseits aus mehreren Bezirken zusammensetzten. Die Aufteilung erfolgte ganz zweckrational, nach Gesichtspunkten der Größe, der Verkehrsverbindungen, der Einwohnerzahl, abzirkelnd wie es das Wort Kreis umschrieb. Jede Rücksicht auf historisch gewachsene

Zusammenhänge und Verbindungen wurde bewußt hintangestellt. An der Spitze des Kreises stand der Kreisdirektor mit fast unbeschränkter Weisungsbefugnis nach unten, gegenüber den Bezirken, und stärkster Bindung nach oben, gegenüber der Zentrale – ein unmittelbares Abbild der französischen Präfekten.«[2]

Mit der flächenmäßig großen Ausdehnung von Kreis und Bezirksamt fehlt in Baden eine wichtige Vorbedingung für das in (Alt-)Württemberg festgestellte »subjektiv gefühlte Zusammengehörigkeitsgefühl der Beteiligten«, nämlich die mit der Kleinräumigkeit verknüpfte Überschaubarkeit. 1863 erhielten ausschließlich die überdimensional großen Kreise in Baden eine ausgeprägte Selbstverwaltung, nicht jedoch die Bezirksämter.

In Baden verhinderte nicht nur die beschriebene Großflächichkeit, sondern auch die bewußte Einbindung mehrerer ehemals selbständiger, historisch gewachsener Herrschaftsgebiete in einem Kreis das Entstehen eines »Zusammengehörigkeitsbewußtseins«, das mit dem (Alt-)Württembergs vergleichbar gewesen wäre.

Kaum landständische Traditionen

Im Kapitel über Württemberg konnten wir zeigen, daß die Vorberatungen von Landtagsdisputen auf Ämterebene, die jahrhundertelang eingeübte politische Mitwirkung des Volkes über die Landstände (Landschaft und Prälaten), einen wichtigen Faktor bei der Entwicklung politischer Kultur in diesem Lande darstellt. In den Gebieten, die zum Großherzogtum Baden vereint wurden, waren solch geartete Traditionen und Mitwirkungsmöglichkeiten kaum bekannt. Es kann angenommen

werden, »daß in Bayern und Württemberg das landständische Bewußtsein weit stärker war und stärker sein
konnte als in Baden, dessen Markgrafschaften in ihrer
Spätzeit kaum landständisches Verfassungsleben kann-
ten; auch in den neu hinzugekommenen Landesteilen
fand sich, von Vorderösterreich mit seinen ganz eigenar-
tigen Verhältnissen abgesehen, kaum etwas, woran man
sich zur Wiedererweckung der Landstände hätte halten
können. Anders in Bayern, ganz anders und weit stärker
in Württemberg!«[3] In Baden fehlten die Anknüpfungs-
punkte für eine »institutionalisierte Mitsprache«, fehlte
die Überschaubarkeit, da nicht wie in (Alt-)Württemberg
wichtige Landtagsentscheidungen im Amt vorberaten
wurden. Themen von übergeordneter Bedeutung konnten auf diese Weise nur schwer für den gemeinen Mann
verständlich und überschaubar gemacht werden.
Diese landständischen Erfahrungen hatten in (Alt-)Würt-
temberg auch den wichtigen Effekt, daß mittels dieser
Tradition im Bewußtsein der Bevölkerung eine Brücke
über die großen Umbrüche des ausgehenden 18. und des
beginnenden 19. Jahrhunderts hinweg geschlagen wurde. In Baden konnte auf solcherart Gewachsenes nicht
aufgebaut werden. Mit der Verfassung von 1818 »verlieh
ein unumschränkt herrschender Monarch seinen Badenern etwas Neues, hier nicht Dagewesenes. Er konnte
freier gestalten, sich stärker anderswo im weiteren europäischen Umkreis umsehen«[4]. Dieses »anderswo« Umsehen sollte für Baden charakteristisch werden, denn man
holte sich die meisten Anregungen für eine (staatliche)
Neuordnung von außen – wobei in erster Linie an das
revolutionäre, mit dem Geist des Rationalismus erfüllte
Frankreich zu denken ist.
Zusammenfassend wollen wir festhalten: Lage und Öff-

nung des Landes vor allem nach Westen ermöglichten es, unterstützt durch die guten Verkehrsverbindungen, einen insgesamt gesehen regen Kontakt mit benachbarten Staaten aufrecht zu erhalten – eine stärkere Orientierung an ausländischen Sitten, Bräuchen, Verhaltensnormen und Wertvorstellungen war dadurch gegeben. Dieser ausländische (vor allem französische) Einfluß war ausschlaggebend, daß in Baden (institutionalisierte) Rahmenbedingungen (Ämtergröße, Grad der Selbstverwaltung) entstanden, die eine Überschaubarkeit nur schwer zuließen, mit der Folge, daß nicht die kleinen Räume die Orientierungspunkte für politisches Handeln bildeten, sondern daß die überregionale Orientierung (Überschaubarkeit) im Bewußtsein des einzelnen überwog. Diese überregionale Orientierung stellt ein bedeutendes Erklärungsmoment sowohl für aktuelles politisches Verhalten als auch für politische Kultur im heutigen Baden dar.

Ungereimtheiten

Die badische Geschichte ist aus heutiger Sicht durch zahlreiche Unstimmigkeiten im Verhältnis zwischen (politischem) Anspruch und (sozialer) Wirklichkeit gekennzeichnet, Unstimmigkeiten, die das Bewußtsein, die Werthaltungen, die Weltanschauungen und, dadurch bedingt, das (politische) Verhalten der Betroffenen prägten. In diesem Tatbestand, den wir als »Ungereimtheiten« bezeichnen wollen, sehen wir eine weitere Grundlegung für die politische Kultur in Baden.

Stadt–Land–Gefälle

Ob man als Städter in Baden lebte oder auf dem Lande – das war schon folgenreich in einem Land, das die Städte deutlich bevorteilte.

Generell ist festzuhalten, daß Baden im letzten Jahrhundert einen starken Verstädterungsprozeß zu verzeichnen hatte: Lebten im Jahre 1852 nur 10,1 Prozent der dortigen Bevölkerung in Gemeinden über 5000 Einwohner, so waren dies 1875 schon 17,1 Prozent, 1905 lebten gar 54,5 Prozent der badischen Bevölkerung in Städten.

Folgende Punkte lassen es berechtigt erscheinen, diese Verstädterung in Baden als Ungereimtheit zu bezeichnen.

– In Baden fand eine Bevorzugung der Städte im Grad der politischen Teilhabe statt.

– Der Anteil der Protestanten (und Juden) war in den badischen Städten überproportional hoch.

– Die Wirtschaftspolitik war in Baden stark an den Städten orientiert.

Zur Bevorzugung der badischen Städte im Grad politischer Teilhabe: Die badische Verfassung von 1818, die als die freiheitlichste im damaligen Deutschland galt, läßt bei genauerem Hinsehen erkennen, daß die »Städte den ländlichen Ämtern gegenüber unverhältnismäßig bevorzugt«[1] waren. »Unter dem überkommenen Wahlrecht standen den 14 badischen Städten mit rund 144 000 Einwohnern 22 Abgeordnetensitze in der Zweiten Kammer zu, während die Restbevölkerung von einer Million Menschen durch 41 ›Volksboten‹ vertreten wurde, deren Wahl im Rahmen des Wahlmännerverfahrens im wesentlichen vom unteren Behördenapparat kontrolliert und gesteuert werden konnte. Im einzelnen konnte dies so aussehen, daß eine Stadt wie Lahr mit rund 6700 Einwohnern zwei Mandate zu vergeben hatte, während der Bezirk Lahr-Land mit rund 22 000 Einwohnern nur einen Abgeordneten stellte.«[2]

In Württemberg waren die »guten Städte« lange nicht so bevorzugt wie die mit besonderen Privilegien ausgestatteten »Städteordnungs-Städte« Badens (Mannheim, Karlsruhe, Freiburg, Heidelberg, Pforzheim, Baden-Baden, Konstanz). Diesen ist durch Gesetze und Verordnungen in so vielem eine bevorzugte Stellung eingeräumt worden, daß manches, was die anderen Städte noch zu klagen oder zu wünschen hatten, für sie gegenstandslos war. So gab es also noch eine zusätzliche Hierarchie der Städte, da den sieben größten Städten weitere Vorrechte eingeräumt wurden. Daß diese Ungereimtheiten natürlich bei den Betroffenen nicht wesentlich zu einem Gefühl des Miteinander beitrugen, sondern eher zum Bewußtsein des »Besser-« beziehungsweise des »Schlechter-Seins«, läßt sich leicht erahnen. Weitere Facetten der Ungereimtheit im Verhältnis zwischen Stadt und Land treten hinzu: So der überdurchschnittlich hohe Anteil von Protestanten in den badischen Städten.

Konfessionelles und wirtschaftliches Gefälle

Die Ungereimtheiten im konfessionellen und wirtschaftlichen Bereich stellten eine große Belastung im badischen Alltag dar; man denke nur an eine Konsequenz dieser Disparität, den Kulturkampf, über den später ausführlich berichtet werden soll.

Baden war vom Beginn des 19. Jahrhunderts an ein überwiegend katholisches Land und blieb es bis in dieses Jahrhundert hinein, wenngleich der Anteil der Protestanten zwischen 1825 und 1925 von 31,2 auf 39,4 Prozent wuchs und der der Katholiken von 67,1 auf 58,4 Prozent zurückging.

Für Baden läßt sich keine klare konfessionelle Landkarte zeichnen. Die Gebiete der ehemaligen Markgrafschaft Baden-Durlach waren protestantisch, die Baden-Badens katholisch. Die anläßlich der napoleonischen »Flurbereinigung« neu hinzugekommenen Erwerbungen setzten sich ebenso buntscheckig zusammen, wiewohl die Katholiken in der Überzahl waren. Baden ist somit in konfessioneller Hinsicht mit einem zusammengewürfelten Fleckenteppich vergleichbar, katholische und evangelische Gebiete wechseln sich ab. Doch betrachtet man diese konfessionelle Landkarte unter dem Aspekt des Stadt-Land-Verhältnisses genauer, stellt man auffallende Regelmäßigkeiten fest: »So lebten 12 Prozent der gesamten evangelischen Bevölkerung in den zehn größten Städten des Landes, während nur 7,5 Prozent der Katholiken, die insgesamt zwei Drittel der Bevölkerung ausmachten, in diesen Städten wohnten.«[3]

Die stärkere Verstädterung der Protestanten hatte vor allem wirtschaftliche Konsequenzen: »Die wirtschaftlichen Voraussetzungen waren für die Katholiken schlechter als für den übrigen Teil der Bevölkerung. Nur ein Drittel der Katholiken lebte in der fruchtbaren Rheinebene (Ortenau und Bühlergegend, Markgräflerland), während die anderen zwei Drittel in klimatisch weniger begünstigten Gegenden ihrem Gewerbe nachgehen mußten.«[4] Und dies gilt nicht nur für die klimatischen Voraussetzungen, sondern auch in bezug auf die Industrieansiedlung. Die Katholiken waren in städtischen Gegenden, in denen Handel und Industrie, in denen eben auch der wirtschaftliche Aufschwung vonstatten ging, deutlich unterrepräsentiert.

Ein weiteres tritt hinzu: Die Katholiken hatten aufgrund der Tatsache, daß sie nicht in den industriell begünstigten Gegenden wohnten, nicht nur wirtschaftliche Nachteile hinzunehmen, sie wurden auch durch wirtschaftliche Krisen am härtesten getroffen. So sollten z. B. Gewerbefreiheit und Freizügigkeit, mit einem Gesetz aus dem Jahre 1863 in die Wege geleitet, einen wirtschaftlichen Aufschwung für das Land bringen. Doch davon profitierten nur die städtischen Regionen. »Hingegen ergaben sich auf dem Lande, vor allem im Bodenseegebiet, im Schwarzwald und im badischen Odenwald – alles überwiegend katholische Gebiete – schwerwiegende Probleme, die man nicht vorausgesehen hatte. Die Natur des Landes und die geschichtliche Entwicklung hatten nämlich zu einer so starken Parzellierung des bäuerlichen Besitzes geführt, daß mehr als die Hälfte der landwirtschaftlichen Haushaltungen ihr Auskommen nur durch gewerbliche Nebenarbeit fand, sei es durch Heimarbeit, sei es durch Mitarbeit in kleineren und mittleren Gewerbebetrieben. In dem scharfen Konkurrenzkampf jedoch, der nach dem Erlaß des Gewerbegesetzes (...) ausbrach, drohten diese Nebenerwerbsquellen zu versiegen. (...) Belastete schon dies die wirtschaftliche Situation vieler landwirtschaftlicher Haushaltungen auf das empfindlichste, so ergaben sich schwerste Probleme, wenn einer der ortsnahen Gewerbebetriebe dem Konkurrenzkampf zum Opfer fiel.«[5] Und von dieser negativen Einwicklung waren vor allem die Katholiken betroffen.

Infolge der beschriebenen Mißverhältnisse verfestigte sich die soziale Schichtung. So wurden in der im Jahre 1900 erschienenen Studie »Konfession und soziale Schichtung. Eine Studie über die wirtschaftliche Lage der Katholiken und Protestanten in Baden«[6] die Verteilung der Konfessionen auf höheren Schulen untersucht und brachte folgendes Ergebnis: »Die Zahl der evangelischen Schüler betrug von 1885 bis 1895 in den Mittelschulen circa 48 Prozent, die der Katholiken 42 Prozent, die der Juden 10 Prozent. Es zeigten also im Durchschnitt die Katholiken eine um 19 Prozent zu schwache, die Protestanten eine um 11 Prozent, die Juden eine um 8,5 Prozent zu starke Beteiligung im Vergleich zur Gesamtbevölkerung.«[7] Der Autor legt weiter dar, daß besonders in kaufmännischen und technischen Berufen, und hier in den führenden Positionen, Protestanten und Juden anzutreffen waren.

Diese Ungereimtheiten konnten natürlich von den Betroffenen (Katholiken) leicht als Ungerechtigkeiten eingeschätzt werden, zumal die staatliche (Wirtschafts-)Politik diesem Zustand nicht entgegenwirkte. Daß diese Ungereimtheiten beziehungsweise Ungerechtigkeiten auch nur wenig zur Staatsloyalität unter den Katholiken beitrugen – die entscheidenden staatlichen Stellen waren zumeist von Protestanten besetzt – ist leicht einsichtig. So fanden »die radikaldemokratischen Strömungen der Revolutionsjahre 1848/49 gerade in der katholischen Bevölkerung eine starke Resonanz, während die protestantischen Gebiete politisch stabiler geblieben sind«[8]. Dies ist um so verständlicher, wenn man weiß, daß auch »im parlamentarischen Element, wo die bürgerlich-liberalen Kräfte dominierten, (...) die badischen Katholiken bis in die sechziger Jahre des 19. Jahrhunderts nahezu bedeutungslos«[9] waren.

Es bleibt also eine ausgeprägte Ungereimtheit im Verhältnis zwischen Stadt und Land festzuhalten, eine Ungereimtheit, die sich durch politische Vertretungsrechte und staatliche Wirtschaftspolitik verfestigte und deren Leidtragende hauptsächlich die Katholiken waren, die die ländlichen und dadurch benachteiligten Gegenden bewohnten. »Es überrascht daher nicht, daß sich ein Gegensatzbewußtsein zwischen Stadt und Land entwickelte bzw. verstärkte.«[10]

»Typisch badisch
so lehrt die Geschicht':
Typisch badisch
gibt es nicht!«[11]

Amadeus Siebenpunkt geht in seinem Buch »Deutschland deine Badener« noch weiter, indem er fragt: »Badener – gibt's die überhaupt?«[12] Eine solche Frage bezüglich der Württemberger zu stellen, wäre, nebenbei bemerkt, abwegig.

Auch Eugen Fehrle charakterisiert in seiner 1929 erschienenen »Badischen Volkskunde« die Badener als »verzwickte Familie«: »Das badische Volk bildet in vieler Hinsicht keine geschlossene innere Einheit. Zwischen dem Norden und Süden sind starke Gegensätze, und eine zusammenfassende Volkskunde hat auch hierdurch Schwierigkeiten.«[13]

Ein traditioneller, historisch gewachsener gemeinsamer Zusammenhalt fehlt diesem Großherzogtum: »Wirkten in den anderen Staaten (bei der Neuordnung im Gefolge der Französischen Revolution und der napoleonischen Kriege) die Traditionen der Kernlande bewußt oder unbewußt immer noch mit und drückten so mancher der Reformen doch ihren Stempel auf, so konnte in Baden hiervon kaum die Rede sein. Baden hatte nicht nur, gemessen an seinem ursprünglichen Umfang, den größten Zuwachs an Bevölkerung und Gebieten erhalten – es vereinigte auch die heterogensten Elemente in dem neuen Staatswesen«,[14] wie Teile der Vorderösterreichischen Lande, die stark vom Josephinismus geprägt waren, ehemalige Reichsabteien oder fürstenbergische Besit-

zungen. »Da zudem der Assimilierungsprozeß zwischen
den beiden erst kurz zuvor wiedervereinigten badischen
Landesteilen, zwischen dem rückständigen Baden-Baden
der katholischen Linie und dem Baden-Durlach Karl
Friedrichs, einem der Zentren der Reformbemühungen
im 18. Jahrhundert, noch in vollem Gange war, stellten
sich hier Aufgaben, die an Schwierigkeit die in den
anderen Mittelstaaten weit überragten. (...) Diese Situation hat für die politische Entwicklung Badens weitreichende Konsequenzen gehabt, die für die badische Geschichte des ganzen 19. Jahrhunderts bestimmend geworden sind.«[15]
Eine Folge dieser Ausgangsbedingung war, daß sich ein
Gefühl der Zusammengehörigkeit innerhalb des neuen
Großherzogtums nur schwer entwickelte und sich somit
regionale Identifikationsmöglichkeiten für den einzelnen
kaum ergaben. Dadurch war der Badener gezwungen,
seine Handlungsmuster eher aus überregionalen Orientierungen zu beziehen; ein Umstand, der mit dazu beitrug, daß die Region weiter an Bedeutung verlor.
Diese überlokale Orientierung zeigte sich schon zu Beginn der großherzoglichen Ära: Die Freisinnigkeit der
Verfassung von 1818 wie auch später die revolutionären
Bewegungen waren zum einen Importware und wurden
zum andern schon immer als Schaufensterpolitik für
andere Länder verstanden. Wilhelm Heinrich Riehl ist
beizupflichten, wenn er schreibt: »Dieser Gedanke, sich
selbst im Mittelpunkt der Kulturgeschichte zu wissen,
lebt in den Rheinländern besonders stark, am stärksten
vielleicht in den Badenern und Pfälzern.«[16]
Und dies beruhte, wie so oft, auf Gegenseitigkeit. Das
Ausland sah Baden seinerseits oftmals in einer Vorreiter-
rolle. »Baden wurde schon lange wie ein Versuchsfeld

deutschen Staatslebens und das badische Volk wie die Avantgarde der deutschen Volksbewegung angesehen.«[17]

Obwohl Baden in vielen anderen Ländern und Regionen Aufmerksamkeit erregte, ein hiermit einhergehendes Selbstbewußtsein stellte sich bei den Badenern nicht ein – ganz im Gegenteil: »Immer wieder geht gerade aus den Landtagsdebatten ein politischer Minderwertigkeitskomplex hervor, der ursprünglich in der Unsicherheit dieser napoleonischen Schöpfung gegründet haben mag, je länger, je mehr aber zu einem konstitutiven Faktor der badischen Geschichte wurde. Man vergleicht sich mit England, Frankreich, Preußen, Österreich, Bayern und Württemberg. Man bewundert im Grunde die größeren Verhältnisse der anderen, aber, wie um sich zu beruhigen, spricht man schließlich von seinem ›gesegneten Badener Land‹, in dem sich gottlob alles zum besten befinde. Es ist nicht einfach Heimatstolz, der sich darin ausspricht, sondern ein Gefühl der Unzulänglichkeit, der Furcht, nicht ganz ernstgenommen (...) zu werden. Die Steigerung der Verfassungsfragen bis zu ihrer letzten Konsequenz scheint daher auch z. T. in dem Bedürfnis begründet gewesen zu sein, der Umwelt zu zeigen, daß man hier etwas Besonderes darstelle, daß Baden im europäischen Konzert nicht die letzte Geige spiele.«[18]

Liberaler Ordnungsstaat

Die badische Verfassung von 1818 wurde nahezu euphorisch gepriesen. Sicherlich, dies hatte seine Berechtigung: »Vergleicht man die Bestimmungen der badischen Verfassung mit denen der anderen süddeutschen Staaten, so

118

kommt man zu dem Ergebnis, daß die badische am fortschrittlichsten ist.«[19] Die Frage ist nun, ob und wie sich der Anspruch eines liberalen Staates im politischen Alltag aufrechterhalten ließ.

Zur Beantwortung dieser Frage kann es sinnvoll sein, die Motive der badischen Revolutionäre aus den Jahren 1848/49 darzulegen: »In den Augen dieser Ungeduldigen war das Großherzogtum Baden die Verkörperung von Unvereinbarem: Äußerlich und innerlich ein Produkt der Französischen Revolution, durch eine ›Revolution von oben‹ zustandegekommen, ließ dieser einmal etablierte Staat inkonsequent grund- und standesherrliche Rechte der Feudalzeit unangetastet, fügte sich in die nach rückwärts gewandte Politik des Deutschen Bundes ein, baute im Inneren eine Bürokratie aus, die den Anspruch auf Gültigkeit und Dauerhaftigkeit erhob und in vielen kleinlichen Maßnahmen gegen die Bürger durchzusetzen versuchte.«[20] Ist dies das »liberale Baden«?

Was Liberalität in Baden bedeutete, kann wohl am besten (wie sonst überall auch) an der Art der Verwaltung abgelesen werden. Die Verwaltung im Großherzogtum war stark (nach französischem Vorbild) zentralisiert, dies im Gegensatz zu Württemberg. Nach dem »Mai 1813 waren fortan alle Hoheitsrechte in der Hand des Zentralstaats. Nirgends anders hat er sich damit freilich zugleich, und das war die Kehrseite des Ganzen, so radikal nicht nur von seiner bisherigen, sondern von jeder sozialen Basis entfernt, den Staat als Verwaltungs- und Herrschaftsapparat so vollständig von der Gesellschaft getrennt«[21].

Dies ist für die badische politische Kultur bedeutsam. Während in (Alt-)Württemberg der einzelne über Ämter, relative Dezentralität und, damit eng verknüpft, über die

Selbstverwaltung in das Staatsganze mit eingebunden war, steht in Baden der einzelne in deutlichem Abhängigkeits-, ja Unterordnungsverhältnis zum Staat. Für (Alt-) Württemberg gilt diese Abhängigkeit sicherlich in gleicher Weise, nur wurde sie durch zahlreiche Mitwirkungsrechte und Mitwirkungsmöglichkeiten solchermaßen relativiert, daß sie vom einzelnen nurmehr bedingt als eine solche verstanden und empfunden wurde.

Das in Baden praktizierte Verhältnis von (liberalem) Staat und Individuum läßt sich so darlegen: Der badische Staat »blieb im Entscheidenden Obrigkeitsstaat und enttäuschte die Erwartungen all jener, die auf die Möglichkeit seiner Überwindung auf friedlichem, reformerischem Wege, ohne eine Revolution mit all ihren Risiken und Gefahren gesetzt hatten. So sehr sich die Situation dann in der zweiten Hälfte des 19. Jahrhunderts, nach dem grundlegenden Umschwung von 1860 geändert hat – von jener sich selbst bestimmenden ›bürgerlichen Gesellschaft‹ (...) blieb die Realität des in seiner Grundstruktur, in seiner ganzen Anlage unverändert fortbestehenden bürokratischen Anstaltsstaats weit entfernt. Ja, dieser griff nun immer tiefer in alle wirtschaftlichen und sozialen Verhältnisse ein, wurde zur gestaltenden Kraft aller Formen des Gemeinschaftslebens schlechthin«[22].

Daß man geradezu Angst hatte vor der scheinbaren politischen Zügellosigkeit des kleinen Mannes, zeigt sich vor allem im Wahlrecht: Wurde in Württemberg schon 1868 die Mehrheit der Abgeordneten der Zweiten Kammer in allgemeiner, gleicher, direkter und geheimer Wahl gewählt, so schrieb man in Baden noch ein Jahr später (liberale Ära!) das *indirekte* Verfahren fest. Ganz ähnlich sieht es auf kommunaler Ebene aus.

Sicherlich: Nicht nur in Baden war diese Angst vor der

politischen Beteiligung des Volkes vorhanden, und auch anderswo griff der Staat tief in gemeindliche Aktivitäten ein: »Es galt für fast alle Staaten des westlichen und mittleren Kontinentaleuropa, anders gesagt für alle jene Staaten, die durch den Absolutismus und die ihn vollendende ›Revolution von oben‹ im Zeitalter der Französischen Revolution und Napoleons entscheidend geprägt worden waren. Unter ihnen ragt das Großherzogtum Baden nur insofern heraus, als sich die vorherrschenden Tendenzen und Antriebe dieses Prozesses hier besonders beispielhaft beobachten lassen. Gerade diese Tatsache allerdings verleiht der badischen Entwicklung dieser Zeit ihr spezielles Gewicht.«[23]

Selbstverwaltung?

Für Württemberg zeigten wir, daß das neue Königreich, zumindest in seinem Stammland Altwürttemberg (das uns ja hier nur interessiert), auf jahrhundertealte Selbstverwaltungtraditionen zurückgreifen konnte – Traditionen als Grundlage für Neuzuschaffendes.

Für die badischen Stammlande vor 1803 sind jedoch deutlich anders geartete Entwicklungen maßgebend: »Die 1760 erlassene, 1772 auf den Baden-Badener Landesteil übertragene Baden-Durlacher Kommunordnung zeigt eine im Vergleich zu Altwürttemberg recht schwach entwickelte Selbstverwaltung der Gemeinden. (...) Im Altbadischen fehlt auch auf der Stufe des Amts das genossenschaftliche, korporative Element, das in den kleinen ›Landschaften‹ Schwäbisch Österreichs und in den ›Stadt- und Amtsversammlungen‹ Altwürttembergs lebendig ist.«[24] Und auch die württembergische Verfassung von 1819 und die badische von 1818 unterscheiden sich in puncto Selbstverwaltung bedeutsam; Selbstverwaltungseinrichtungen waren zum Beispiel in der neuen badischen Verfassung nicht gefragt. Auch hier war eben die Tradition entscheidend. »Daß die badische Verfassung von 1818 auf eine Verbindung zwischen landständischer Repräsentation und lokaler Selbstverwaltung verzichtet, versteht sich für Baden, das eine solche Selbstverwaltung bis dahin gar nicht kennt.«[25]

Für das neue Großherzogtum Baden ist darüber hinaus charakteristisch, daß unterschiedlichste Traditionen zusammenflossen. So waren im ehemaligen Vorderösterreich jahrhundertealte Selbstverwaltungsrechte wirksam, die aber Anfang des letzten Jahrhunderts mit der Angliederung an das Großherzogtum ihr Ende fanden. »Hatten schon die Josephinischen Reformen gegen Ende des 18. Jahrhunderts für die in den österreichischen Vorlanden gelegenen Städte die Abschaffung des Schultheißenamtes verfügt, so brachten die Auflösung des Alten Reiches und die Organisationsedikte des 1806 gegründeten Großherzogtums Baden auch das Ende der bisherigen städtischen Selbstverwaltung. An ihre Stelle trat im Großherzogtum Baden eine Staatsvormundschaft.«[26]

Die Zäsur – Einverleibung ins neue Großherzogtum – vermerkte man in diesen Landstrichen sicherlich schmerzhaft. Es kann daher nicht überraschen, daß von dort aus fast durch das gesamte letzte Jahrhundert hindurch immer wieder Bestrebungen im Gange waren, mit dem Ziel einer Wiederangliederung an das Haus Habsburg. Daß solches Denken und Handeln für eine Integration nicht gerade dienlich war, sei nur am Rande vermerkt.

Jedenfalls: Erst mit der Gemeindeordnung von 1831 erhielten badische Gemeinden Selbstverwaltungsrechte zugestanden. Die staatliche Bevormundung hatte bis zu diesem Zeitpunkt nur erreicht, daß in weiten Teilen der Bevölkerung eine resignative Stimmung herrschte; es mußte also gehandelt werden, auch vor dem Hintergrund der französischen Julirevolution. Die neue Gemeindeordnung, dann auch unter dem Einfluß französischen Gedankenguts etabliert, ist »im ganzen nun schon moderner als etwa die stärker obrigkeitlich geprägte Gemeindeordnung des württembergischen Verwaltungsedikts von 1822«[27].

Doch, und dies scheint eine Regelmäßigkeit in der Geschichte Badens darzustellen, folgte auf diese freiheitliche Gemeindeordnung die Reaktion. Schon 1833 wurde das Wahlrecht durch ein provisorisches Gesetz wieder eingeschränkt; nur Bürger, die ein gewisses Vermögen versteuern konnten, durften sich bei den Gemeinderats- und Bürgermeisterwahlen beteiligen.

Auch das Gesetz von 1837 ist in dieser Reaktionsbewegung zu sehen, führt es doch die indirekte Wahl und ein Dreiklassenwahlrecht ein: »Die demokratische Tendenz des Gesetzes von 1831, die durch das Provisorium von 1833 allerdings schon wieder einen Rückschlag erlitt, sollte weiter eingeschränkt werden und an ihre Stelle das aristokratische Prinzip und zwar in einem geldaristokratischen Sinne zur Verwirklichung gebracht werden.«[28] Das Auf und Ab, das Zugestehen von Selbstverwaltungsrechten und die Reaktion hierauf, setzten sich fort. So fand 1849 ein kurzes revolutionäres Zwischenspiel statt, mit Urwahlen, Urversammlungen und der Aufhebung des Bestätigungsrechts des Staates bei der Bürgermeisterwahl. Aber diese Rechte wurden ebenfalls postwendend, per Gesetz aus dem Jahre 1851, wieder eingeschränkt.

Die Reformen des Jahres 1863 führten dann in Baden zu ausgeprägten Selbstverwaltungszugeständnissen, die als die weitestgehenden der damaligen Zeit eingeschätzt wurden. Es fehlte jedoch weiterhin eine Selbstverwaltung auf Bezirksamtsebene. Erst 1920 wird im Karlsruher Landtag der Ausbau des Amtsbezirks zum Selbstverwaltungsbezirk beantragt. Nicht den Amtsbezirken – bis 1924 waren es 53 –, sondern den elf »Kreisen« wird schließlich Selbstverwaltung zugebilligt. Also nicht in den kleineren Einheiten kommt es zur Ausbildung einer Selbstverwaltung, sondern in den flächenmäßig großen Kreisen. Was in (Alt-)Württemberg mit den Ämtern erreicht wurde, Integration und Weckung gemeinschaftsbildender Kräfte – dies war weder in den badischen Bezirksämtern, da reine Staatsbehörden, möglich, noch in den Kreisen, die zwar über Selbstverwaltung verfügten, jedoch zur Ausbildung gemeinschaftlicher Aktivitäten flächenmäßig zu groß waren.

Hans-Georg Wehling bringt den Grad an Selbstverwaltung in Württemberg und Baden auf folgenden kurzen Nenner: »Der Umfang der Selbstverwaltungsrechte der Gemeinden ist im Großherzogtum Baden relativ beschränkt, im Königreich Württemberg jedoch so weit wie nirgendwo sonst. Auch die Aufsicht des Staates über die Gemeinden ist in Baden sehr viel ausgeprägter als in Württemberg.«[29]

Welcher Geist im Umgang mit den Gemeinden in Baden herrschte, beschreibt Peter Lahnstein am Beispiel der Stadt Biberach: »Die Reichsstadt Biberach war anno 1802 kurioserweise badisch geworden. Wenn die Biberacher Hoffnungen gehegt hatten, sie würden, wegen des langen und umständlichen Weges von und nach Karlsruhe, ihre Ruhe behalten, so wurden solche Hoffnungen rasch enttäuscht. Denn es zog eine straffe Staatsverwaltung im Sinne des dürrsten Rationalismus ein (ein Produkt von Josephinismus und französischem Zentralismus), die für das fidele alte Wesen dieser Stadt nicht das geringste Verständnis zeigte.«[30]

Sicherlich, wir haben es ja gesehen, vor allem die Selbstverwaltungsrechte der Gemeinden nahmen im Laufe des letzten Jahrhunderts in Baden zu, jedoch wurde die Selbstverwaltung immer nur deshalb zugestanden, weil es gerade opportun erschien. Man wollte damit immer etwas erreichen: mal gegen die Resignation in der Bevölkerung angehen, mal (inter-)nationale Beachtung finden, mal revolutionären Umtrieben zuvorkommen. Selbstverwaltung ist in Baden nichts Gewachsenes: Die Selbstverwaltung wurde verliehen, nicht erkämpft.

In den Grundlegungen für politische Kultur in (Alt-) Württemberg haben wir auf die zentrale Stellung des Bürgermeisters im Gemeindeleben und auf die Bedeutung der teils jahrhundertealten Tradition der Bürgermeisterwahl als Volkswahl hingewiesen. Eine ähnliche Tradition der Volkswahl des Bürgermeisters, wie sie für (Alt-) Württemberg charakteristisch ist, vermag Baden nicht vorzuweisen. So erfolgte die Wahl des Bürgermeisters in Baden in Gemeinden mit über 2000 Einwohnern durch einen Bürgerausschuß, also indirekt, und dies bis in die Zeit der Weimarer Republik hinein. Im Vergleich dazu: In Württemberg wurde der Bürgermeister zu dieser Zeit schon lange von allen Wahlbeteiligten direkt gewählt. Noch ein gravierender Unterschied tritt hinzu: In Württemberg wurde der Bürgermeister bis 1907 auf Lebenszeit gewählt, in Baden betrug die Amtszeit des Bürgermeisters nur sechs Jahre. »Darin sieht die zeitgenössische staatsrechtliche Literatur keinen Widerspruch, sondern eine notwendige Ergänzung: Gerade weil in Württemberg der Selbstverwaltungsbereich so umfangreich, die Eingriffsmöglichkeiten des Staates so gering und die demokratischen Mitspracherechte der Bürger so groß wie nirgendwo sind, bedürfe es eines unabhängigen Widerparts in Gestalt des Schultheißen auf Lebenszeit, der es nicht nötig habe, um die Gunst der Menge zu buhlen. Ein auf Wiederwahl durch die Gesamtheit der Bürger angewiesener Schultheiß könne es sich ja nicht einmal leisten, gegenüber den eigenen Bediensteten fest aufzutreten (denn deren Stimmen brauche er ja auch), geschweige denn gegenüber Familienclans und wirtschaftlichen Interessengruppen in der Gemeinde. Wo demgegenüber der Handlungsspielraum der Gemeinde begrenzt, die Staatsaufsicht streng ist und der gemeine Mann weniger mitzureden habe als der Gebildete und Begüterte, da könne man – wie in Baden – das Amt des Bürgermeisters durchaus periodischen Neuwahlen im Abstand von 6 oder 9 Jahren aussetzen.«[31]

In der Auswahl der Bürgermeister und in dem, was unter Kommunalpolitik verstanden wird, existieren bis zum heutigen Tag deutliche Unterschiede zwischen Baden und (Alt-)Württemberg, wie im letzten Kapitel aufgezeigt werden soll.

Grenzenlose Freiheit

Dieses Kapitel, in dem politische Kultur in Baden von
einer weiteren Grundlegung her beleuchtet und charakterisiert werden soll, steht mit allem bisher Gesagten wie
auch mit dem noch zu Beschreibenden in enger Verbindung. So hängt »Grenzenlose Freiheit« eng mit der für
Baden festgestellten Über-schaubarkeit zusammen. Denn
erst das Durchlässigsein eines Landes schafft die Voraussetzungen für grenzenlose Freiheit, die nicht so sehr als
das Fehlen von Landesgrenzen, vielmehr als eine geistige
und gedankliche Freiheit zu verstehen ist, die das politische Verhalten der einzelnen und damit die politische
Kultur in dieser Region prägt.

Einflüsse von außen

Politik erhielt in Baden oftmals durch Vorgänge und
Ideen, die von außen ins Land getragen wurden, ihre
entscheidenden Vorgaben. Bis zur Mitte des letzten Jahrhunderts drangen diese Einflüsse meist aus Frankreich,
aber auch aus der Schweiz, nach Baden. Schon seine
Entstehung verdankt das Großherzogtum einer Initial-

zündung von außen. Die weltpolitischen Umwälzungen zu Beginn des letzten Jahrhunderts dienten hierbei als Geburtshelfer für den neuen badischen Staat. Vor allem in diesen Jahren war Baden stark von auswärtigem Gedankengut beeinflußt:»Die Grenzlage des Landes zur freisinnigen Schweiz und zum revolutionären Frankreich ließ deren moderne politische Ideen hier am ehesten Fuß fassen. Weit früher als in anderen deutschen Ländern veränderten sich hier die Grundanschauungen über Rechts-, Staats- und Wirtschaftslehre.«[1]

Auch in den folgenden Jahren prägten Ereignisse und Ideen, die von jenseits des Rheins ins Großherzogtum gelangten, badische Politik. So erhielten die badischen Gemeinden erstmals 1831 Selbstverwaltungsrechte – wir haben darüber berichtet – dies unter dem Eindruck der Julirevolution in Frankreich. Und selbst die badische Revolution von 1848 empfing ihre entscheidenden Antriebe von außen.

Allem Anschein nach gab es in Baden Voraussetzungen, die eine solche Revolution begünstigten und ermöglichten. Sicherlich ist bei einer möglichen Erklärung auch an die beschriebenen Grundlegungen für politische Kultur in Baden zu denken: Das Land eröffnete Möglichkeiten, daß fremdes Gedankengut relativ leicht eindringen konnte (Über-schaubarkeit); im Land selbst existierten Mißverhältnisse zwischen politischem Anspruch und sozialer Wirklichkeit (Ungereimtheiten), und, wir werden es noch sehen, der Badener jener Zeit konnte durchaus den Eindruck gewinnen, alles sei veränderbar, alles könne ebensogut einer Revolution von unten anheimfallen, wie schon alles durch eine Revolution von oben entstand.

Dies sind zutiefst andere Voraussetzungen als in (Alt-) Württemberg; dort hatte dieser Nährboden schlichtweg gefehlt. Für die Analyse der politischen Kulturen in beiden Ländern ist das Fehlen beziehungsweise das Vorhandensein solcher Voraussetzungen deshalb von besonderer Bedeutung, weil eben diese unterschiedlichen Vorgaben unterschiedliche politische Kulturen mit entstehen ließen, die auch heute noch unterschiedliche (politische) Verhaltensweisen der jeweils Betroffenen mit prägen. Und zu diesen unterschiedlichen Vorgaben gehört auch, daß Einflüsse von außen relativ leicht nach Baden gelangten. Scheinbare Brüche oder Sprünge in der badischen Geschichte, von uns vielleicht so gesehen, werden klarer und verständlicher, wenn man um diese Offenheit gegenüber fremdem Gedankengut weiß. So erstaunt es auf den ersten Blick, wenn man sich das liberale Baden und die 48er Revolution vor Augen führt, daß der Nationalsozialismus in Baden relativ glänzende Erfolge erzielen konnte. Sind hier die Einflüsse von außen nicht *ein* möglicher Erklärungsansatz? Schon im letzten Jahrhundert gelangten die entscheidenden Anregungen von außerhalb des Landes nach Baden, in ähnlicher Weise könnte es während der Zeit des Nationalsozialismus vonstatten gegangen sein.

Einflüsse und Impulse von außen spielten insbesondere bei der Industrieansiedlung in Baden eine wichtige Rolle: So erfolgte z. B. die Industrialisierung des südbadischen Raumes nahezu ausschließlich durch Schweizer Kapital, aber auch im übrigen Baden sind es fast durchweg Fremde gewesen, denen die badische Industrie ihren Ursprung verdankt. Selbst die berühmte Pforzheimer Edelmetallindustrie verdankt ihre Entstehung hauptsächlich französischen und Schweizer Einwanderern. Die »Wirtschaftslandschaft Baden« ist also durch offene Grenzen gekennzeichnet.

Diese starken (vor allem Schweizer) Einflüsse auf die badische Wirtschaftsentwicklung waren hauptsächlich deshalb möglich, weil zum einen ein traditionell enger Kontakt zwischen den Regionen diesseits und jenseits des Rheins bestand (und so die Grenze nicht unbedingt als solche empfunden wurde) und zum andern der badische Staat ausländische Investoren sehr im Land willkommen hieß, da diese ja nicht im eigentlichen Sinne Fremde waren, sondern Nachbarn, zu denen man Vertrauen haben konnte.

Wichtig für die Akzeptanz von Ausländern war auch, daß viele von ihnen in Baden selbst lebten und so ein intensives Kennenlernen erfolgen konnte. Großherzog Friedrich I. von Baden berichtete z. B. hierüber in seinen Jugenderinnerungen: »Was den Verkehr in Mannheim so angenehm und interessant machte, war auch die Anwesenheit einer großen Anzahl fremder Familien, die des geselligen Lebens und der Billigkeit wegen den Winter regelmäßig daselbst zubrachten. Besonders viele englische Familien waren dort förmlich ansässig geworden und entfernten sich nur während einiger Sommermonate. Auch Holländer und Franzosen, Polen und Russen lernten wir dort kennen.«[2]

Dieses Wohlwollen Friedrichs I. gegenüber den Ausländern scheint uns charakteristisch für Baden: Für Fremdes, Neuartiges war man hier immer schnell »Feuer und Flamme«. »Seit den Anfängen industrieller Produktionsformen aufgeschlossen für das Neue, herrscht in der Bevölkerung dieses Raumes ein fortschrittlicher Geist«, so schildert ein Werbeprospekt den badischen Nordschwarzwald.

Jedenfalls: »Welt« ist in Baden stärker präsent als in (Alt-)Württemberg, wo man stärker in seiner eigenen Welt

lebt und sich nahezu vor Fremden fürchtet. In Baden
hingegen ist man aufgeschlossener für moderne, neuartige Entwicklungen, näher am Puls der Zeit. Die Gedanken
kreisen in (Alt-)Württemberg eher um Einheimisches, in
Baden eher um Auswärtiges. Sicherlich sind in unserer
heutigen Zeit solche Unterscheidungen auf den ersten
Blick hinfällig; doch bei genauerem Besehen stellt man
fest, daß da noch ein Rest bleibt. So zum Beispiel, wir
werden es noch darlegen, ist in Baden eine starke Position
der politischen Parteien auf kommunaler Ebene zu verzeichnen. Nicht so sehr die lokalen einheimischen Wählervereinigungen spielen die bedeutende, mit (Alt-)
Württemberg vergleichbare Rolle, vielmehr die »auswärtigen« nationalen Parteien. Daß dies auch mit den Einflüssen von außen in Baden zu tun hat, soll hier nur
angedeutet sein.

Religion und Freiheit

Bei der Frage nach der Entstehung politischer Kultur
muß, wir haben es im entsprechenden Kapitel über (Alt-)
Württemberg bereits dargelegt, der Religion eine besondere Bedeutung beigemessen werden.
Zur »konfessionellen« Landkarte Badens: Im Großherzogtum Baden stellte sich das konfessionelle Gefüge
keineswegs homogen dar. Selbst für die badischen
Stammlande vor 1803 ist dies zu konstatieren: Baden-
Durlach war nämlich protestantisch, Baden-Baden katholisch (und zwar erst ab 1655 nach achtmaligem Glaubens-
wechsel in 100 Jahren!). Und bei der Vergrößerung zum
Großherzogtum kamen mal protestantische, mal katholische Gebiete hinzu, so daß Baden 1806 231000 lutheri-

sche, 62 000 reformierte und 616 000 katholische Einwohner zählte, zuzüglich 16 000 Juden (1814). Vor allem die Katholiken waren politisch wie wirtschaftlich die benachteiligte Bevölkerungsgruppe in Baden, obwohl zahlenmäßig weitaus am stärksten vertreten. Daß dies natürlich nicht zu einem reibungslosen Miteinander der Religionen beitrug, dürfte verständlich sein. Und beide Seiten taten lange Zeit auch nichts dazu, die gegenseitigen Feindseligkeiten abzubauen.

Die spannungsgeladenen Auseinandersetzungen zwischen Katholiken und Protestanten, genauer zwischen Katholiken und dem (protestantischen) Staat, wurden jedenfalls zum kennzeichnenden und prägenden Element der badischen Geschichte. Diese Konfrontation wird – in politische Kultur dieser Region eingegangen – heute noch in einem spezifischen Wahlverhalten sichtbar. Doch bevor wir diese Auswirkungen auf aktuelles politisches Verhalten betrachten, wollen wir nach der Genese und dem Verlauf der Auseinandersetzungen, die unter dem Schlagwort *Kulturkampf* bekannt wurden, fragen.

»In den 91 Jahren zwischen 1827 und 1918 liegt die nicht abreißende Kette von Kämpfen der katholischen Kirche um die Erlangung der Freiheit in ihren Obliegenheiten und des Staates um die Erhaltung seiner Oberhoheit über die kirchlichen Bereiche.«[3] Man sieht hier bereits die Breite und Tiefe des Problems angedeutet: Keineswegs handelte es sich in erster Linie um eine Auseinandersetzung zwischen Katholiken und Protestanten, vielmehr um ein Gegenüber und Gegeneinander von katholischer Kirche und Staat, ja um den Konflikt zwischen (politischem) Katholizismus und Liberalismus. »Kulturkampf« ist natürlich kein spezifisch badisches Phänomen; Kulturkampf hat es auch in anderen deutschen Ländern gegeben, ebenso die »ultramontane Wende« im Katholizismus, ebenso die Zentrumspartei – aber nirgends waren die Auseinandersetzungen so spannungsgeladen wie in Baden. Darin liegt u. a. der Unterschied zu Württemberg.

Die erste »heiße« Phase des Kulturkampfes fand in Baden zu Beginn der sechziger Jahre des 19. Jahrhunderts statt, als mit der Einsetzung des ersten liberal geführten Kabinetts in Deutschland die badische »liberale Ära« eingeläutet wurde. Vor allem das Schulaufsichtsgesetz von 1864 gab den Katholiken Anlaß zu scharfer Opposition gegenüber der Regierung und dem liberalen Großherzog Friedrich, sah dieses Gesetz doch vor, daß die geistlichen Schulvisitationen zugunsten staatlicher Aufsichtsinstanzen aufgehoben werden sollten. Auch in weiteren Gesetzen, so im Kulturexamensgesetz von 1867, das ein Staatsexamen für katholische Geistliche vorsah, wird die Absicht der Liberalen deutlich: Die katholische Kirche des Landes sollte unter eine weltliche (= staatliche) Aufsicht gestellt werden.

Diese Absicht der Liberalen traf jedoch auf einen Katholizismus, der eine entscheidende Wende vollzogen hatte: Durch eine bewußte Hinwendung vor allem der Kleriker nach Rom (»Ultramontanismus«) sollte säkularen und aufklärerischen Einflüssen begegnet werden und, was sicherlich erreicht wurde, ein erneuertes katholisches Selbstbewußtsein entstehen.

Die beiden gegeneinanderlaufenden Entwicklungen (liberaler Staat – stark gegenaufklärerisch geprägte katholische Kirche) führten nun zu dem »Kulturkampf«, der in Baden in exemplarischer Schärfe ausgetragen wurde. Die Auseinandersetzungen zwischen Staat und katholischer

Kirche, die von nun an wie »zwischen zwei selbständigen Mächten«[4] vonstatten gingen, bewirkten – und dies ist für uns von besonderem Interesse –, daß sich in Baden die Katholiken zu einer betont politischen Bevölkerungsgruppe formten. Die Gesetzgebung der Liberalen führte nämlich in einer Gegenreaktion dazu, daß sich die katholische »Casino-Bewegung« bildete, Versammlungen, in denen die programmatischen und organisatorischen Voraussetzungen für einen politischen Katholizismus als Massenbewegung geschaffen wurden. Diese Vorformen eines politischen Katholizismus mündeten dann im Jahre 1869 in der Gründung der »Katholischen Volkspartei« Badens, die – ab 1888 neu organisiert – als »Badische Zentrumspartei« auftrat. Diese Partei und die zahlreichen katholischen Vereine, die sich gegen Ende des letzten Jahrhunderts in Baden bildeten, verstanden sich als Sammelbecken für alle Katholiken und als politisches Gegengewicht zu Liberalismus und liberalem Staat. Da vor allem der Klerus die Repräsentanten und Agitatoren des Zentrums stellte, konnte es der Partei gelingen, nahezu alle Katholiken, entweder als Helfer oder als Wähler, für sich zu gewinnen: »Für den normalen katholischen Staatsbürger auf dem Lande war und blieb der Herr Pfarrer der Repräsentant der Zentrumspartei. Und der Herr Pfarrer fühlte sich auch als solcher. An ihn gingen die Anfragen und Aufträge der Bezirks- und Zentralleitung der Partei; an ihn die Flugblätter und die Wahlzeitungen zur weiteren Verteilung.«[5] Wen wundert es da, wenn das Zentrum als die »weltliche Ausgabe des Felsen Petri« gesehen wurde!

Daß dieser Konflikt zwischen Katholiken und Liberalen nicht nur auf politischer Ebene ausgetragen wurde, sondern im alltäglichen Leben der Betroffenen eine bedeu-

tende Rolle spielte, schildert Heinrich Köhler, Reichsfi-
nanzminister während der Weimarer Republik, Badener
und dem Zentrum als politischer Heimat entstammend,
in seinen Lebenserinnerungen. So erzählt er, er habe als
Zehnjähriger auf dem Nachhauseweg von der Christmet-
te im Jahre 1888 seinen Vater gefragt, was denn eigentlich
(die stark protestantisch geprägten) Nationalliberale sei-
en. Die Antwort seines Vaters ist bezeichnend für das
religiöse und politische Klima zu jener Zeit: »Schau, Bub,
es kann im Leben viel über einen kommen, man kann
außerordentlich durchgerüttelt werden und selbst auch
einmal eine Zeitlang vom richtigen Weg abkommen.
Aber wenn ich einmal hören sollte, daß du nationalliberal
geworden bist, dann schlüge ich dir beide Füße ab. Das
sind die Nationalliberalen!«[6]
Das Klima zwischen Katholiken und Liberalen im Baden
der damaligen Zeit war vergiftet, Katholiken wie Liberale
glaubten nur Gehässigkeiten beim jeweils anderen ent-
decken zu können. Davon berichtet auch der bekannte
badische Heimatdichter (und katholische Pfarrer) Heinrich Hansjakob:

»Im Namen des Herrn Jesu Christ'
Der helle Tag erstanden ist!
Der Tag fängt an zu leuchten
Dem Armen wie dem Reichen.
Lobet Gott und Maria!

so klang das so fromm in meine Kinderseele, daß ich
unwillkürlich die Hände faltete und mein Morgengebet
betete, wie die Lenebas es mich gelehrt. Es war in der Tat
ein wunderbar schöner katholischer Ruf, dieser Wächter-
ruf am Morgen, und es ist kein kleines Zeichen unserer

›Kulturkampfsimpelei‹ – anders vermag ich es nicht zu nennen –, daß diese Wächterrufe in den siebziger Jahren in kleinen Städten von liberalen und aufgeklärt sein wollenden Bürgermeistern und Gemeinderäten abgeschafft wurden. Die katholische Parole: ›Lobet Gott und Maria!‹ war diesen schwachköpfigen Philisterseelen zu ›fromm‹ und zu ›mittelalterlich‹, drum mußte sie fort. Diese Leute hätten ja die Wächterrufe zeitgemäß umändern und etwa rufen lassen können:

Höret, was ich euch will sagen,
D'Glock' hat zwölfe g'schlagen,
Wohl über die zwölfe –
Lobet die Preußen und Bismarck!«[7]

Natürlich hatten nicht nur die Katholiken Kritik am täglichen Zusammenleben zu üben, sondern auch die liberalen (protestantischen) Badener. Eduard Kaiser schildert aus seiner Sicht eine Fronleichnamsprozession, die er im letzten Jahrhundert als Jugendlicher miterlebt hatte: »Keiner von uns fühlte Bedürfnis oder Pflicht, die Mütze abzunehmen, wenn das Sanktuarium und der Erzbischof unter seinem Baldachin an uns vorüber wallte, und dann brach immer die fromme Meute auf uns ein, schlug und riß uns die Mützen herunter oder prügelte uns mit ihren vergoldeten Szeptern, bis wir die Flucht ergriffen. Denke ich an jene Tyrannei der Katholiken, so finde ich heute in ihr die einzige Entschuldigung für die steigende Verfolgung, welche sie nun ihrerseits zu dulden haben.«[8]
Der Kulturkampf jedenfalls dauerte in Baden so lange wie sonst nirgends in Deutschland und wurde hier mit unvergleichbarer Härte geführt. »Erst nachdem ab 1878 der

Abbau der Kulturkampfgesetzgebung einsetzte, konnten Staat und Kirche durch schrittweises Arrangement bis zum Kriegsausbruch ein nicht gerade spannungsfreies, aber weitgehend moderates Verhältnis zueinander erreichen.«[9]

Daß das Verhältnis auch danach nicht spannungsfrei war, zeigen Passagen aus der von Hermann Lauer 1908 verfaßten »Geschichte der Katholischen Kirche im Großherzogtum Baden«, in der er die Katholiken zu größter Achtsamkeit aufruft: »Sorglos dürfen die Katholiken nicht werden. Immer noch sind die Gegner stark und mächtig, und nur so lange holen sie nicht zu vernichtenden Schlägen aus, als die Katholiken wie eine geschlossene Phalanx ihnen wehren.«[10]

Die liberale (protestantische) Gegenposition hierzu vertritt Helmut Bier in seiner 1929 veröffentlichten Dissertation: »Die katholische Kirche, die doch auch Seelen zu Gott führen will, glaubt dagegen wie einst, den konfessionellen Frieden unseres Landes ihren machthungrigen Plänen opfern zu müssen.«[11]

Unsere These lautete, daß Auswirkungen dieses Kulturkampfes heute noch im politischen Verhalten der Badener anzutreffen sind. Dies zeigte sich z. B. in der Zeit des Wiederaufbaus nach dem Zweiten Weltkrieg, als auf dem Gebiet der Bundesrepublik nicht an die Tradition der stark konfessionell gebundenen Parteien angeknüpft wurde. Die CDU als parteipolitisches Sammelbecken für evangelische und katholische Christen sollte als gemeinsame Nachfolgeorganisation dieser »konfessionellen Parteien« dienen. Und eben hier gab es in Baden Schwierigkeiten: Die CDU wurde nämlich in dieser Region keineswegs als konfessionsübergreifende Partei angesehen, prägte doch die Tradition der konfessionsgebundenen

Partei, grundgelegt im scharfen Gegeneinander aus der Zeit des Kulturkampfes, weiter das politische Verhalten. Demzufolge konnte die badische CDU kaum evangelische Repräsentanten vorweisen und wurde nur zu einem geringen Teil von Protestanten gewählt.

Solches läßt sich natürlich für die heutige Zeit nicht mehr in dieser Schärfe sagen, doch bestehen in der Gegenwart weiterhin bedeutende Unterschiede in der parteipolitischen Ausrichtung zwischen Katholiken und Protestanten in Baden, wie später zu zeigen sein wird.

Unsere bisherigen Darlegungen betrafen in erster Linie das Verhältnis Katholiken–Staat, nur am Rande wurden die Protestanten und ihre Kirche erwähnt. Die evangelische Kirche in Baden nahm eine relativ schwache Position ein, hatte sie doch – im Gegensatz zur evangelischen Kirche in Württemberg – kein eigenes Kirchengut, sondern war auf Zuwendungen der staatlichen Rentkammer angewiesen. Auch blieb ihr Einfluß auf die Lebensgestaltung des einzelnen – so unsere These – verglichen mit (Alt-)Württemberg, gering. In der badischen Evangelischen Kirche konnten sich nämlich kaum Glaubensgemeinschaften durchsetzen, die eine straffe Organisation des gesamten Lebenswandels hätten erreichen können. So tritt hier in Baden eher die »klassische« evangelische Vorstellung von der persönlichen Verantwortung vor Gott in den Vordergrund. Dies heißt natürlich auch, daß solch persönliche Verantwortung viel schneller den wandelnden Zeitvorstellungen unterworfen ist als z. B. eine Religion, die auf dogmatische Einhaltung ihrer Gesetze mittels Überwachung achtet. Die Enge und Strenge des Lebenswandels fehlt dieser eher individuell ausgerichteten Religion, der einzelne Gläubige ist »freier« im doppelten Sinne: Der Mangel an konkreten Vorschriften und

Verhaltensdekreten für alle Lebensbereiche einerseits bedingte andererseits eine stärkere Verhaltensunsicherheit. So war den badischen Protestanten die Ausgestaltung ihrer eigenen Lebensführung in vielen Bereichen selbst überlassen, was natürlich zur Folge hatte, daß das religiöse »Stützkorsett« nicht in der ausgeprägten Weise wie in (Alt-)Württemberg wirken konnte. Manches im Miteinander, was durch strikte religiös-kirchliche Vorgaben fragloser erschienen wäre, wird nun zur Frage, zum Problem. Die Antworten hierauf können oftmals andere Formen im Zusammenleben sein, die sich nun ausbilden. Vor allem die vereinsmäßigen und parteipolitischen Zusammenschlüsse gewinnen stärker an Bedeutung, da sie durch die Einbindung des einzelnen in eine Gemeinschaft größere Verhaltenssicherheit bieten.

Somit läßt sich für Baden in seiner Gesamtheit das Fehlen eines totalen, alle Lebensbereiche umfassenden Anspruchs des Religiösen feststellen; wesentlich stärker rückt die Freiheit der individuellen Lebensgestaltung in den Vordergrund.

Persönliche Freiheit

Bei der Analyse politischer Kultur in Baden muß der »individuellen Freiheit« ein hervorragender Platz eingeräumt werden; dies entspricht auch der im 19. Jahrhundert vorherrschenden Ideologie des Liberalismus. Es überrascht daher kaum, daß zwei hervorragende Vertreter des frühen deutschen Liberalismus, Carl von Rotteck und Carl Theodor Welcker, aus Baden stammen. Mit ihrem 15bändigen »Staatslexikon« (1834/43) schufen sie *das* politische Lehrbuch des frühen Liberalismus und

erhoben darin die Forderung, daß der Staat die Bedingungen für größtmögliche Freiheit zu schaffen habe.
In nahezu jeder Beschreibung der Ziele des badischen Liberalismus wird von dieser »größtmöglichen Freiheit« berichtet. So auch Hans Fenske in »Der liberale Südwesten«: »Die Beseitigung unnötiger und hemmender Bedingungen, die Gewährleistung möglichster Freiheit im staatlichen und gesellschaftlichen Leben, um so jedermann in die Lage zu versetzen, seine Ziele und Fähigkeiten unbehindert zu entwickeln und für sich und die Allgemeinheit nutzbar zu machen, das waren die Ziele, die im Liberalismus unbestritten waren.«[12]
Dies fiel in Baden auf fruchtbaren Boden. Denken wir nur an die Über-schaubarkeit und die Ungereimtheiten, die dem einzelnen die Loslösung aus überkommenen Normen wie Gruppen erleichterten und so zur individuellen Freiheit Hilfestellung leisteten. Der Badener konnte vor allem aufgrund der Ereignisse während der ersten Hälfte des letzten Jahrhunderts (»Revolution von oben«, einige Jahre später »von unten«) das Gefühl haben, daß keine Ordnung mehr dauerhafte Gültigkeit besitze. Wenn hier auf der politischen Ebene anscheinend keine Werte und Traditionen mehr galten, warum sollte sich der einzelne Badener in seiner privaten Lebensführung dann noch fraglos sozialen und kulturellen Normen unterwerfen? Wenn alles »im Fluß« war, so mußte dies auch Auswirkungen im Leben des einzelnen nach sich ziehen.
Welche Ausmaße dies annahm und zu welch lockerem Leben dies führte, zeigen folgende kurze Schilderungen.
Elard Hugo Meyer beschreibt in seinem Buch »Badisches Volksleben im neunzehnten Jahrhundert«, das im Jahre 1900 erschien, die Praxis des »Fensterlns«: »Wie unverfroren offen dieser Verkehr betrieben wird, zeigt ein Dorf

in der Nähe von Ettenheim. Da trinken am Samstagabend die Burschen, die zum Schatz gehen wollen, in der Wirtschaft ein Viertel Wein, essen eine Cervelatwurst und stecken eine zweite in den Sack, um sie dem Hofhund zu geben, daß er ruhig ist. Am Sonntagmorgen schlafen beide aus: die Burschen gehen dann nicht in die Kirche, so daß man immer weiß, wer von ihnen beim Mädchen war.«[13]

Und Josef Baader bemerkt in seinem 1853 erschienenen Buch »Das badische Land und Volk«: »Daß die verheiratete Frau von einem Verehrer sich öffentlich huldigen ließ, war gewöhnlich; daß sie im Rücken des Ehemannes ein vertrautes Verhältnis pflog, war häufig, und daß sie mehr gewährte als einen süßen Blick, gar nicht selten.«

Um die Reichweite dieser Aussagen ermessen zu können, muß man sich (Alt-)Württemberg und seine Einwohner vor Augen halten. Ob derartiges auch hier geschah – wer weiß? Aber, und das ist eben der gravierende Unterschied, in Baden wurde solches anscheinend öffentlich praktiziert – dies wäre in (Alt-)Württemberg völlig ausgeschlossen gewesen! Dort totales gemeinschaftliches Eingebundensein – hier individuelle Freiheit.

Diskontinuitäten

Sprünge und Brüche, Wechsel von Fortschrittlichem und Rückschrittlichem kennzeichnen die jüngere badische Geschichte. Da der einzelne sich aber für sein eigenes Leben dadurch Sicherheit verschafft, daß er, bewußt oder unbewußt, Kontinuität voraussetzt, werden solche Diskontinuitäten zum Problem, muß er doch befürchten, daß es kaum noch unumstößliche Eckpfeiler im alltäglichen Leben gibt, auf die er sich fraglos verlassen kann. Größere Orientierungslosigkeit und Verhaltensunsicherheit sind die Folge.

Diskontinuität im Politischen

Die Geschichte des Großherzogtums Baden begann Lothar Gall zufolge mit der »Kontinuität in der Diskontinuität aller Verhältnisse«. Gemeint ist damit, daß schon am Ende des 18. Jahrhunderts mit dem »Glauben an einen unaufhaltsamen Prozeß des Fortschritts in rationaler Neugestaltung aller Verhältnisse (...) der tiefe Bruch mit der Vergangenheit, wie er dann im Bündnis mit der Französischen Revolution und Napoleon erfolgte, in vielfältiger Hinsicht bereits vorbereitet war. Er erschien in mancher Hinsicht nur als ein besonders kühner und rascher Schritt auf einem bereits vorher eingeschlagenen Wege, als Kontinuität in der Diskontinuität aller Verhältnisse«[1]. Die weiteren Entwicklungen scheinen sich nahtlos in diese Ausgangsbedingungen einzufügen.

Zunächst ging man daran, das neue Großherzogtum zentralistisch durchzubürokratisieren – so zumindest sah es ein Edikt aus dem Jahr 1809 vor, initiiert durch Freiherrn von Reitzenstein, den »Begründer des badischen Staates«. Eine straffe Organisation war Trumpf. Ließ man vorher in einer kurzen Zwischenphase nach der Staatsgründung (Edikt des Geheimen Rats Brauer aus dem Jahr 1803) den Gemeinden relativ viel Spielraum, so wurde diesen nun unter Reitzenstein nahezu jegliche Eigenkompetenz entzogen.

Eine liberale Ära sollte folgen; zunächst auf gesamtstaatlicher Ebene. Zu denken ist hier in erster Linie an die Verfassung von 1818, die liberalste Verfassung Deutschlands in dieser Epoche. Mit der Gemeindeordnung von 1831 wird dieser liberale Schub auch für die Gemeinden spürbar, denen nun Selbstverwaltungsrechte eingeräumt wurden – eine liberale Ära par excellence. Doch auch dies fügt sich in die Reihe der Diskontinuitäten ein: »Die Gemeindeordnung von 1831 rief bedeutende Umwälzungen hervor. Man war von einem Extrem ins andere gefallen. Nach der langen Drosselung der Gemeindefreiheit und Bevormundung durch den Staat waren die Gemeinden durch die weitgehenden Zugeständnisse in der Selbstverwaltung mit einem Mal sich selbst überlassen.«[2]

Diesem liberalen Höhenflug folgte, ganz in der badischen Tradition der Diskontinuitäten, spätestens ab 1837 die Reaktionsbewegung mit der Rücknahme bedeutender

Zugeständnisse für die Gemeinden und deren Bewohner (Dreiklassenwahlrecht, indirekte Wahl). Nicht nur in bezug auf diese Epoche ist Walter Grube zuzustimmen: »Im allgemeinen zeigt wohl die württembergische Bürokratie dieser Jahre (nach 1818) größere Härte, die badische geringere Stetigkeit.«[3] Geringere Stetigkeit und Diskontinuitäten, zwei sich ergänzende Begriffe.

Und wieder schlägt das Pendel nach der anderen Seite aus, diesmal initiiert durch die Revolution von 1848/49. Hier kann nicht der Ort sein, grundsätzlich über die Bedeutung einer Revolution für ein Volk nachzudenken. Es bleibt aber festzuhalten, daß die badische Revolution von 1848/49 eine Fortführung der »Kontinuität in der Diskontinuität aller Verhältnisse« darstellte, da der einzelne sich bis dahin nicht auf eine kontinuierliche und stetige politische Entwicklung einstellen konnte. Daher war auch in der badischen Bevölkerung der Nährboden für solch umstürzlerische Gedanken und »Umtriebe« gegeben. Die Revolution stellte so gesehen nichts Neues dar, sondern war eher die Zuspitzung bislang bekannter Zustände.

Und dennoch: Eine Revolution ist immer der schärfste Ausdruck von Vertrauensdefizit gegenüber den bestehenden Verhältnissen, also auch gegenüber dem Staat als solchem. Revolution ist aber ebenso das Suchen nach einer neuen Kontinuität, einer neuen Stetigkeit. Dies gilt auch für Baden; nur das Finden mißlang hier gründlich: So gut wie alle während der Revolutionswirren erzwungenen demokratischen Zugeständnisse wurden nach dem Scheitern der Revolution wieder zurückgenommen, »insgesamt standen beide Länder (Württemberg und Baden) im Sommer 1849 kaum besser da als im Februar 1848, ja, Baden vermutlich noch schlechter«[4].

Resignation und eine Lähmung des politischen Lebens folgten fast zwangsläufig, und dies sollte längere Zeit andauern.

Wir erwähnten bislang nur Diskontinuitäten, die in innerbadischen Entwicklungen ihren Ursprung hatten – »hausgemacht« sozusagen. Der badische Staat des 19. Jahrhunderts war aber in ein nationales und internationales Geflecht eingebunden, so daß nationale und internationale Diskontinuitäten ebenfalls ihre Auswirkungen sowohl auf politische Abläufe als auch auf das individuelle Leben des einzelnen in Baden hinterließen. Um den Grad dieser äußeren Einwirkungen für Baden aufzuzeigen, soll zuerst (Alt-)Württemberg zum Vergleich herangezogen werden – ein Land, das Diskontinuitäten badischen Ausmaßes nicht kennt. Die innerwürttembergische Stetigkeit ließ hier »ausländische« Diskontinuitäten weniger auffallend zur Geltung kommen, da man sich auf Ordnungen und Abläufe im eigenen Land verlassen konnte und so das eigene Selbstbewußtsein und die eigene Kontinuität von auswärtigen Entscheidungen kaum gefährdet sah. Über dieses Selbstbewußtsein, verstanden als gesichertes Wissen um planbare (politische) Abläufe, verfügte man in Baden nicht in vergleichbarem Maße. Nationale und internationale diskontinuierliche Einflüsse vermochten daher die Badener leichter zu bewegen, leichter in den Bann zu ziehen, leichter auch resignieren zu lassen, da der Rückzug auf (einheimisch) Gesichertes nur bedingt möglich war. Diskontinuitäten bildeten somit eine weitere Grundlage für Verhaltensunsicherheit.

Mit der Reichsgründung im Jahre 1871 trifft der Anspruch eines ehemals liberalen »Musterlandes« auf eine politische Wirklichkeit, die zutiefst geprägt war von einem konservativen preußischen Politik- und Staatsverständnis à la Bismarck. »Die Verlagerung der Macht nach Berlin bedeutete (für Baden) auch eine Provinzialisierung.«[5] *Das* liberale »Musterland«, jahrzehntelang mit im Brennpunkt politischen Kräftemessens, nun Provinz! Baden hatte in dieser Phase seiner Geschichte kein nationales Gewicht, wenig Mitspracherechte und nahm die verbliebenen Mitwirkungsmöglichkeiten kaum wahr. Verdeutlicht wird dies durch die Anweisung an die badischen Vertreter im Bundesrat, im Zweifelsfall mit der Mehrheit zu stimmen. Treffend hierzu das Bonmot eines badischen Bürgermeisters: »In Hohenzollern werden die Gesetze gemacht, in Baden ausgeführt und in Württemberg belächelt.« Ob dieser Ausspruch in Baden geläufig ist oder nur unter Bürgermeistern kursiert, ist von geringerer Bedeutung. Wichtig ist hingegen, daß hier ein Selbstverständnis der Badener zum Ausdruck kommt, das zum einen von Resignation und zum andern von einem geringen Selbstbewußtsein gekennzeichnet ist.

Die beschriebenen Verhältnisse änderten sich während der Weimarer Republik nur unwesentlich. Baden zählte weiterhin zu den Verlierern: »Die Post ausgenommen, Baden war stets mit von der Partie, die zu Ungunsten der Länder ging.«[6] Viele »Stolpersteine« lagen »auf dem Weg Berlin–Karlsruhe, ohne Zweifel läßt sich bei genauem Zusehen ein ganzer Eisenbahnwaggon davon aufsammeln!«[7].

In Baden fühlte man sich generell zu kurz gekommen, fühlte die Diskontinuitäten, fühlte den Widerspruch zwischen politischem Anspruch und politischer Wirklichkeit. Selbst bei der Gründung des Südweststaates zählten sich die Badener ja noch zu den Verlierern.

Variable Bezirksämtereinteilung

Die badischen Bezirksämter, wir betonten dies schon, wiesen nicht die für (Alt-)Württemberg charakteristische Tradition (nahezu jahrhundertelanges »kontinuierliches« Beibehalten der räumlichen Strukturen) und auch nicht die für (Alt-)Württemberg kennzeichnende gemeinschaftsbildende Kraft auf. Verantwortlich für diese Entwicklung ist vor allem die auf dieser Ebene fehlende Selbstverwaltung in Baden – nicht zu vergessen die flächenmäßig große Ausdehnung der Bezirksämter. Ein wesentliches tritt hinzu: Seit Beginn des letzten Jahrhunderts erfährt Baden laufend *Ämterneuaufteilungen*. Eine Gemeinde gehört einmal zu diesem, einmal zu jenem Amt; Kontinuität kann so nicht entstehen. Diskontinuitäten und Unstetigkeiten machen sich verstärkt auf Bezirksamtsebene bemerkbar, ja, werden in ihren Auswirkungen mit zur bedeutenden Grundlage für politische Kultur in dieser Region.

»Die Ämtereinteilung Badens bleibt, das ist einer ihrer charakteristischen Züge, bis ins 20. Jahrhundert beweglicher als die fast hundertdreißig Jahre lang nahezu unverändert beibehaltene des ersten württembergischen Königs. Da die Bezirksämter Badens rein staatliche Behörden sind, kann hier der Staat ohne Rücksichtnahme auf Interessen und Widerstände von Kommunalverbänden die Bezirksverwaltung den Verschiebungen im Sozial- und Wirtschaftsgefüge jeweils leichter anpassen. Diese Elastizität des Staatsapparats hat unbestreitbare Vorzüge; andererseits erschwert sie die Ausbildung eines durch Generationen vererbten Zusammengehörigkeitsgefühls, wie es in den Oberämtern Württembergs entsteht.«[8]

Daß der Badener nicht jene »württembergische« Beziehung zu »seinem« Amt besitzt, das jedenfalls wußte man spätestens seit der Weimarer Republik und dem Dritten Reich. Stürzte noch in Württemberg 1924 eine Regierung (Hieber) bei dem Versuch, kleinere Oberämter aufzulösen, so ging genau im selben Jahr die Verminderung der 53 Bezirksämter auf 40 in Baden völlig problemlos vonstatten. Und selbst die Nationalsozialisten führten die Neueinteilung der Landkreise in Baden zwei Jahre früher als in Württemberg durch.

Die ständigen Ämterneuaufteilungen in Baden zwangen den einzelnen, sich in relativ kurzen Abständen immer wieder auf wechselnde Verhältnisse einzustellen, was zur Folge hatte, daß ihm die Menschen seiner engeren Region im Grunde fremd blieben, da die zum Aufbau emotionaler Beziehungen kontinuierliche Dauer fehlte. So trugen die laufenden Ämterneuaufteilungen dazu bei, daß man sich untereinander mit einem gehörigen Maß Skepsis begegnete; das »durch Generationen vererbte Zusammengehörigkeitsgefühl« fehlte, (taktierendes) Abwägen und individuelle Interessendurchsetzung bestimmten stärker das soziale und politische Handeln.

Wirtschaftliche Entwicklung und Arbeitslosigkeit

Das »Hinterherhinken« in der wirtschaftlichen Entwicklung, für Württemberg charakteristisch, korrespondierte dort mit dem Hinterherhinken der Arbeitslosenzahlen. Behutsamer wirtschaftlicher Aufschwung diente in Württemberg letztendlich dazu, daß vor allem während der Wirtschaftskrisen in den zwanziger und dreißiger Jahren die Arbeitslosenzahlen vergleichsweise gering blieben. Es herrschte auch hier eine Kontinuität, verstanden als anhaltender Zusammenhang zwischen stetigem Wirtschaftswachstum und relativ niederer Arbeitslosenquote.

In Baden verlief sowohl die wirtschaftliche Entwicklung als auch, in Verbindung damit, die Zahl der Arbeitslosen unterschiedlich gegenüber Württemberg. Dies wird schon daran deutlich, daß im 19. Jahrhundert Baden als »Musterländle« galt und spätestens seit der Weltwirtschaftskrise 1931/32 vom »Vorbild Württemberg« gesprochen wurde. Worauf beruht nun das Vorbildhafte in Württemberg, das Musterhafte in Baden?

Für Württemberg, wir haben es schon aufgezeigt, galt die geringe Arbeitslosenquote selbst in schweren wirtschaftlichen Krisenzeiten als vorbildlich. Baden war zu dieser Zeit anscheinend nicht mehr »Musterländle«, beruhte doch seine beispielgebende Funktion im letzten Jahrhundert vor allem auf der dynamischen, fast sprunghaften wirtschaftlichen Entwicklung: So zählte man in Baden schon 1829 rund 3880 Arbeiter in 160 Betrieben, 1849 16 281 Arbeiter in 332 Betrieben. »Wie auch immer diese Statistiken zur Deutung der Entwicklung herangezogen werden, so scheint doch das, was in der ersten Jahrhunderthälfte (des letzten Jahrhunderts) als typisches Erscheinungsbild der Industrie angesprochen wurde, sich in Baden stärker und früher herausgebildet zu haben als in Württemberg.«[9] Dies dokumentiert sich nicht zuletzt in »einem Eisenbahnnetz, das vor Eröffnung der ersten württembergischen Bahn – bedingt durch die günstige Flachlandlage – schon 225 km umfaßte«[10]. Baden wies »um die Jahrhundertmitte einen technisch-industriellen Stand aus, wie ihn Württemberg noch nicht kannte«[11]. Der Bau der Eisenbahn läßt aber noch etwas anderes offenkundig werden: In Baden waren ähnlich starke Vorurteile und Vorbehalte gegenüber der industriellen Entwicklung, wie sie uns in (Alt-)Württemberg begegneten, unbekannt. Religiös bedingte Skepsis wirkte hier nicht als Bremse für wirtschaftliches Wachstum. Man setzte früh auf die industrielle Zukunft, war »Musterländle« und hatte Erfolg. »Das Großherzogtum Baden war vor dem Ersten Weltkrieg einer der hochindustrialisierten Bundesstaaten des Deutschen Reiches, nur etwa ein Drittel der Bevölkerung (1907) lebte noch von der Landwirtschaft.«[12]

Doch der rasanten wirtschaftlichen Entwicklung mußte man in Baden Tribut zollen. »Das Ende des Ersten Weltkrieges stellte die badische Wirtschaft vor erhebliche Probleme, während sich für Württemberg die langsam angelaufene Diversifizierung und Modernisierung seiner Industrie nun auszuzahlen begann.«[13]

Bei der Darstellung der wirtschaftlichen Situation in Baden nach dem Ersten Weltkrieg darf jedoch nicht die nun zum Problem gewordene Grenzlage des Landes außer acht gelassen werden. Vor allem die Reparationsleistungen, im Versailler Vertrag fixiert, trafen Baden hart, wurde doch hier eine entmilitarisierte Zone von 50 km Tiefe geschaffen und die Gegend um Kehl bis Mitte 1930 besetzt gehalten. Eine damit verbundene geringere Investitionsbereitschaft der Unternehmen wirkte sich negativ auf die wirtschaftliche Entwicklung des Landes aus. Und in Baden paßte man darüber hinaus – erschwert durch die Härten des Versailler Vertrages – die industrielle Entwicklung nur unzureichend den geänderten Rahmenbedingungen an, wie das in Württemberg geschah. »Hohe Flexibilität der Klein- und Mittelbetriebe, regionale Steuerung und Einbindung in ein agrarisches Umfeld sichern (in Württemberg) ›Rückzugspositionen‹, die sich in Krisenzeiten als stabilisierend erweisen.«[14] Baden hingegen wurde während der Weltwirtschaftskrise zu Beginn der dreißiger Jahre auch aufgrund fehlender Flexibilität seiner Industrie hart getroffen. Ende Januar 1933 kamen auf tausend Einwohner im Reich etwa 92 Arbeitslose, in Württemberg 50 und in Baden 76.

Die Arbeitslosenquote erlangte zwar in Baden nicht die Höhe anderer deutscher Länder, doch hatte das einstige »Musterländle« nun ein Heer von Arbeitslosen zu verzeichnen. Aus der mangelhaften Fähigkeit des Staates, Arbeit und Einkommen zu verschaffen, erwuchs u. a. ein Vertrauensdefizit, das unmittelbare Auswirkungen zeitigte: »Das Elend der Weltwirtschaftskrise dürfte vor anderen Ursachen erheblich dazu beigetragen haben, daß ab 1930 eine zunehmende Zahl von Wählern in Baden nationalistisch wählten.«[15] Die NSDAP lag dann auch mit 45,4 Prozent der Stimmen in Baden um 1,5 Prozent über dem Reichsergebnis. Sowohl an Wählerstimmen als auch an Mitgliedschaften in der NSDAP verfügte Baden bis 1933 über einen deutlichen Vorsprung gegenüber Württemberg. Mitverantwortlich für diesen Rechtsruck in Baden waren sicherlich auch die Auswirkungen der diskontinuierlichen Wirtschaftsentwicklung in dieser Region, die den radikalen politischen Strömungen den Weg ebneten. »Diskontinuitäten« stellen also neben den »Ungereimtheiten«, der »Grenzenlosen Freiheit« und der »Über-schaubarkeit« eine weitere bedeutende Grundlegung für die politische Kultur in Baden dar.

Gemeindepolitik = Parteipolitik

Nachdem die charakterisierenden Grundlegungen der politischen Kultur Badens vorgestellt worden sind, gilt es nun zu fragen, inwieweit sich diese politische Kultur heute im politischen Verhalten der Betroffenen auswirkt; als Gradmesser mögen hierbei kommunale Wahlen dienen.

Kommunale Wahlen

Zuerst zu den Ergebnissen der *Gemeinderatswahl* am 28. Oktober 1984. Bei dieser Wahl gelang es der CDU im Bereich des Regierungsbezirks Karlsruhe, 39,8 Prozent der Stimmen auf sich zu vereinen, gefolgt von der SPD mit 29,2 Prozent. 4,0 Prozent der gültigen Stimmen erhielten die Grünen, 3,2 die FDP/DVP und 20,4 Prozent die Wählervereinigungen.

Im Regierungsbezirk Freiburg errang die CDU 39,8 Prozent, die SPD 21,5, die Grünen 5,2, die FDP/DVP 3,5 und die Wählervereinigungen 25,4 Prozent der abgegebenen gültigen Stimmen.

Bezüglich dieser Gemeinderatswahlen kann man festhalten, daß in den Regierungsbezirken Karlsruhe und Freiburg, die größtenteils die Gebiete des ehemaligen Groß-

152

herzogtums Baden umschließen, die politischen Parteien 73,1 Prozent der gültigen Stimmen erhielten, die Wählervereinigungen 22,9 Prozent.

Stellt man diesen Ergebnissen die von Württemberg (hier verstanden als Regierungsbezirke Stuttgart und Tübingen) gegenüber, so wird die unterschiedliche Bedeutung der Wählervereinigungen augenfällig: In Württemberg erhielten die (Freien) Wählervereinigungen im Durchschnitt 33,9 Prozent aller Stimmen.

Ähnlich wie im Kapitel über Württemberg sollen nun die Ergebnisse der Gemeinderatswahlen aus der Zeit unmittelbar nach dem Zweiten Weltkrieg herangezogen werden, um so Entwicklungstendenzen aufzuzeigen, die eine regionale (badische) politische Kultur deutlicher zutage treten lassen.

Zur Erinnerung: Bei den Gemeinderatswahlen am 27. Januar 1946 konnten die Freien Listen (oder Sonstige) im Landesbezirk Württemberg (d. i. der württembergische Teil Württemberg-Badens) in Gemeinden bis 20000 Einwohner 72,0 Prozent aller Gemeinderatsmandate erringen. Bei denselben Wahlen erreichten im Landesbezirk Baden (d. i. der badische Teil Württemberg-Badens) die Freien Listen hingegen lediglich 3,6 Prozent aller Sitze! Hie Freie Wählervereinigungen – hie politische Parteien, so jedenfalls war die Lage nach dem Zweiten Weltkrieg in den nördlichen Landesteilen des heutigen Baden-Württemberg.

Diese Tendenz gilt auch für die *Kreistagswahlen*. So erhielten die Freien Wähler im Landesbezirk Baden bei den Kreistagswahlen vom 28. April 1946 nur 2,2 Prozent aller Sitze. Im südlichen (französisch besetzten) Baden reichte es den »Sonstigen« (hierunter wurden Wählergemeinschaften gezählt) bei den Gemeinderatswahlen in den

Stadtkreisen und den Kreistagswahlen in den Landkreisen am 13. Oktober 1946 auch nur zu 7,7 Prozent aller Stimmen. Diese relativ schwache Position der Freien Wählervereinigungen findet ihre Fortführung in heutigen Kreistagswahlen. So erhielten bei den letzten Kreistagswahlen am 28. Oktober 1984 die Freien Wählervereinigungen in den Regierungsbezirken Karlsruhe und Freiburg nur 13,3 beziehungsweise 14,3 Prozent der Sitze (Landesdurchschnitt Baden-Württemberg: 16,7 Prozent). Wir können also folgendes festhalten: Sowohl bei den Gemeinderats- als auch bei den Kreistagswahlen, sowohl nach dem Zweiten Weltkrieg als auch heute, sind die (Freien) Wählervereinigungen in Baden von geringerer Bedeutung als in Württemberg; eindeutiger beherrschen in Baden die politischen Parteien das kommunalpolitische Geschehen.

Eine weitere kommunale Wahl, die hier beschrieben werden soll, wirft ein bezeichnendes Licht auf die stärkere (partei-)politische Durchdringung des gemeindlichen Lebens in Baden: die *Bürgermeisterwahl.*

In Baden wählte – ganz im Gegensatz zu Württemberg – bis in die Zeit der Weimarer Republik hinein ein Bürgerausschuß den Bürgermeister. Die Wahl war also indirekt, der Bürgermeister gelangte nicht durch Volkswahl in Amt und Würden.

Natürlich werden heute die Bürgermeister in den badischen Landesteilen wie ihre württembergischen Kollegen in einer Volkswahl direkt gewählt. Doch »der Tendenz nach unterscheiden sich badische und württembergische Bürgermeister nach dem zuvor ausgeübten Beruf, nach ihrer lokalen Herkunft, in ihrem Verhältnis zu den politischen Parteien. Als These formuliert: Im Vergleich zu Württemberg sind in Baden die Bürgermeister eher keine gelernten Verwaltungsfachleute, eher aus ihrem jeweiligen Amtsort stammend und eher Mitglieder einer politischen Partei – manchmal sogar recht profilierte«[1].

Zur »Verwaltungserfahrung« stellen Hans-Georg Wehling und H.-Jörg Siewert in der Studie »Der Bürgermeister in Baden-Württemberg« fest, daß die Nicht-Verwaltungsfachleute unter den badischen Bürgermeistern 4,6mal so häufig vertreten sind wie unter den württembergischen. Im Landkreis Karlsruhe durchliefen genau 50 Prozent der dort heute amtierenden Bürgermeister keine Verwaltungsausbildung. Zum Vergleich: (Nord-) württembergische Bürgermeister absolvierten zu fast 100 Prozent eine Verwaltungsausbildung (so in den Vergleichs-Landkreisen Böblingen und Heilbronn).

Kommen wir nochmals auf die thesenartige Zusammenfassung von Hans-Georg Wehling und H.-Jörg Siewert zurück: Im Vergleich zu Württemberg stammen in Baden relativ viele Bürgermeister aus ihrem heutigen Amtsort oder sind dort schon seit langem seßhaft. »Von allen Bürgermeistern unserer Umfrage (also aus ganz Baden-Württemberg) sind 17,8 % in ihrem jeweiligen Amtsort aufgewachsen. Auch hierbei bestehen erhebliche Unterschiede zwischen Baden und Württemberg. So stammen im badischen Landesteil 38,3 % aus dem Amtsort.«[2]

Wieder wollen wir den Landkreis Karlsruhe als erläuterndes Beispiel heranziehen: Hier stammt die Hälfte aller heutigen Bürgermeister aus ihrem jetzigen Amtsort oder ist schon längere Zeit dort ansässig.

Noch ein weiteres tritt hinzu: Unter den badischen Bürgermeistern sind auffallend mehr Parteimitglieder anzutreffen als unter den württembergischen. Im gesamten Land Baden-Württemberg ist nahezu die Hälfte aller Bürgermeister Mitglied einer Partei (49,0 %), in den Regierungsbezirken Karlsruhe und Freiburg jedoch im Durchschnitt 56,72 Prozent. Diese Dominanz parteigebundener Bürgermeister in Baden wird auch in den einzelnen Kreisen deutlich: So geben im Landkreis Karlsruhe 68,7 Prozent aller Bürgermeister eine Parteimitgliedschaft an, im Rhein-Neckar-Kreis 66,7 und im Landkreis Breisgau-Hochschwarzwald gar 78,9 Prozent.

Es ist offenkundig, daß den politischen Parteien in Baden nicht nur ein deutlich stärkeres Gewicht bei Gemeinderatswahlen zufällt, sondern auch, wenn es um die Besetzung des Bürgermeistersessels geht.

Leider gibt es in bezug auf Ausbildung, Herkunft und Parteizugehörigkeit der Bürgermeister in Baden keine Vergleichsdaten aus der unmittelbaren Nachkriegszeit.

Allein für den Landkreis Karlsruhe liegt eine den Zeitraum 1890 bis 1982 umfassende Auflistung aller Bürgermeister vor, die der Autor erstellte. Diese Auflistung ist vor allem aussagekräftig bezüglich der Herkunft und der Berufsausbildung dieser Bürgermeister.

Zu den Ergebnissen selbst: Daten aus den 67 Gemeinden des (Alt-)Kreises Karlsruhe mit zusammen 380 Bürgermeistern konnten ausgewertet werden. Von diesen 380 (zumeist ehemaligen) Bürgermeistern waren 324 (= 85,3 %) ohne explizite Verwaltungsausbildung, sondern gelernte Sattler, Küfer, Bibliotheksoberinspektor u. ä.; 56 Bürgermeister (= 14,7 %) durchliefen eine Verwaltungsausbildung (Verwaltungsinspektor o. ä.).

Diese Ergebnisse untermauern in hohem Grade unsere Beobachtungen aus der Gegenwart: In Baden sind und waren in sehr starkem Maße Bürgermeister ohne Verwaltungsausbildung anzutreffen, und: diese Bürgermeister stammten in großer Zahl aus ihrem Amtsort.

So läßt sich aus den vorliegenden Daten über die (Alt-)

Bürgermeister des Landkreises Karlsruhe ersehen, daß von den 380 erfaßten Bürgermeistern 346 (= 91 %) aus ihrem Amtsort stammten und 34 (= 9 %) als Nichtortsansässige auf den Bürgermeistersessel gewählt wurden. Folgender Trend ist anhand des verfügbaren Datenmaterials feststellbar: Der »klassische« badische Bürgermeister-Typus, gewählt als ortsansässiger, parteipolitisch gebundener Nichtverwaltungsfachmann, wird zunehmend zurückgedrängt zugunsten des eher württembergischen Typus, eines eher nicht ortsansässigen, eher parteilosen Verwaltungsfachmanns. Aber, und dies konnte gezeigt werden, tendenzielle Unterschiede zwischen Baden und Württemberg hinsichtlich des einen oder des anderen Typus existieren bis zum heutigen Tag. So war es beste badische Manier, was vor wenigen Jahren in Karlsbad, Landkreis Karlsruhe, geschah: Die Bürger wählten einen Bürgermeister mit Verwaltungsausbildung, aus Württemberg stammend, nach einer Wahlperiode nicht mehr ins Amt, sondern zogen einen einheimischen Prokuristen vor.

Politikverständnis

Vorab gilt es festzuhalten, daß Wahlvollzüge und damit politisches Verhalten stark auf Traditionen beruhen, Traditionen, die politische Kultur und damit politisches Verhalten prägen.

Was Tradition in diesem Zusammenhang bedeutet, sahen wir in (Alt-)Württemberg, wenn wiederholt auf die Selbstverwaltungstradition verwiesen wurde – eine Tradition, die im Zusammenwirken mit weiteren Grundlegungen für politische Kultur eine »parteipolitikfreie

Zone« entstehen ließ, mit ganz spezifischen Konsequenzen für heutiges gemeindliches Leben.

In Baden konnten wir dagegen eine deutlich anders geartete Tradition feststellen. Sie war stärker durch geschichtliche Diskontinuitäten und Ungereimtheiten, auch durch permanent wechselnde Einflüsse von außen geprägt.

Welche Auswirkungen zeitigt eine so geartete Tradition heute im politischen Leben einer (badischen) Gemeinde? Welche (politischen) Handlungsorientierungen sind aufgrund solcher geschichtlicher Vorgaben heute für den einzelnen maßgebend?

Generell ist für den einzelnen Menschen die Suche nach Verhaltenssicherheit und -stabilität (auch und gerade im gemeindlichen Bereich) von großer Bedeutung. In (Alt-)Württemberg ist diese Verhaltenssicherheit, vereinfacht ausgedrückt, grundgelegt im »subjektiv gefühlten Zusammengehörigkeitsgefühl« der Beteiligten. In Baden kann der einzelne diese Verhaltenssicherheit eigentlich nur dadurch erreichen, indem er sich die Richtigkeit seines Verhaltens durch andere Menschen oder Gruppen bestätigen läßt. Verhaltensstabilisierende Zusammenschlüsse, wie zum Beispiel Parteien und Vereine, haben daher in Baden eine lange Tradition.

Einflüsse von außen, Ungereimtheiten und Diskontinuitäten erschwerten oftmals das selbstverständliche gemeinschaftliche Miteinander; zu oft mußte man sich in Baden auf neue Sinnzusammenhänge einstellen.

Eine Folge davon ist, daß Gemeindepolitik für den einzelnen in sehr starkem Maße »Interessendurchsetzungspolitik« bedeutet, da er nicht selbstverständlich davon ausgehen kann, daß seine Anliegen quasi automatisch berücksichtigt werden. Und diese Interessendurchsetzung wird eben auch mittels politischer Parteien zu erreichen versucht. »Die Vereine (worunter auch die Parteigruppierungen zu zählen sind), die in solchen Krisensituationen (wie im 19. Jahrhundert oder nach dem Zweiten Weltkrieg) zugleich möglich und notwendig werden, helfen dem Individuum bei seiner Anpassung an die neuen Verhältnisse. Die alte Übersichtlichkeit der sozialen Beziehungen, eine gemeinsame Weltanschauung oder Tradition, ein Stück Verhaltenssicherheit lassen sich hier bewahren oder entwickeln und Werte, Normen, Gefühle und Handlungen sozial fixieren.«[3]

So wird klar, weshalb in Baden die politischen Parteien stark bevorzugt werden: In dieser Region herrschen Wertüberzeugungen als Grundlage für politische Kultur, welche die Gemeinde nicht aus dem parteipolitischen Spannungsfeld ausblenden. Ein »Vertrauensvorschuß« für die Gemeinde kommt in Baden, verglichen mit (Alt-) Württemberg, nur sehr begrenzt zur Geltung. Fehlt dieser »Vorschuß« oder ist er nur schwach vorhanden, so muß der einzelne versuchen, seine Interessen in der Gemeinde durchzusetzen. Parteien stellen sich somit auch, und vielleicht in erster Linie, als gemeindliche »Interessendurchsetzer« dar.

Anders verhält es sich bezüglich der (Freien) Wählervereinigungen: Hier steht die einzelne Persönlichkeit im Vordergrund, die nach Sachlage und »gesundem Menschenverstand« entscheidet. Auch deshalb werden bei Gemeinderatswahlen in Baden Parteien stark bevorzugt, weil man bei den Freien Wählervereinigungen nicht von vorneherein annehmen kann, daß einzelne Personen, als die man die »Freien« wählen soll, in ähnlichen Denk- und Lebensstrukturen verhaftet sind wie man selbst.

Wir erinnern uns, daß auch eine stärkere partei-politische

Bindung der Bürgermeister und Oberbürgermeister in Baden vorzufinden ist. Nicht so sehr der von außen kommende parteilose Fachmann, sondern eher der einheimische Parteipolitiker bewirbt sich und wird auf den Bürgermeistersessel gewählt, so daß sich in der Tendenz sagen läßt, daß in Baden die jeweils stärkste Partei den Bürgermeister beziehungsweise den Oberbürgermeister stellt.

Am Beispiel des Bürgermeisters wird ferner deutlich, daß für den Badener nicht die Interessenvertretung nach außen von zentraler Bedeutung ist, sondern daß er seine eigenen Interessen in seiner eigenen Gemeinde vertreten wissen will; und Hilfestellungen bieten ihm dazu die Parteien an. Aus diesem Grund muß der Bürgermeister nicht in erster Linie als gelernter Verwaltungsfachmann ausgewiesen sein, wichtiger ist, daß er in den Augen seiner Wähler erst einmal ihre (individuellen) Interessen vertritt, was in der Regel durch eine entsprechende Parteimitgliedschaft dokumentiert wird. Wenn der Bürgermeister(-kandidat) auch noch Verwaltungsfachmann ist – warum nicht?

Die generell starke Parteiorientierung in Baden hängt eng mit der in Zeiten des Kulturkampfes entstandenen konfessionellen Polarisierung zusammen – eine Polarisierung, die ihren Ausdruck in einer Interessendurchsetzung mittels Parteien fand.

Die Zeit von der 2. Hälfte des letzten Jahrhunderts ab war ja durch eine klare Gegenüberstellung gekennzeichnet: Auf der einen Seite stand das Zentrum, ideologisch ausgerichtet an einem kämpferischen Katholizismus und als Sammelbecken aller Katholiken für Protestanten nicht wählbar; auf der anderen Seite präsentierte sich ein weniger klar organisiertes evangelisches Kirchenvolk, das von den Liberalen und teilweise vom Evangelischen Volksdienst vertreten wurde. Die parteipolitische Frontstellung zwischen Katholiken und Protestanten bestand in dieser Konstellation bis zum Ende der Weimarer Republik.

Nach dem Zweiten Weltkrieg sollte mit der Gründung der CDU die parteipolitische Kluft zwischen Katholiken und Protestanten überwunden werden. Ein reibungsloses Miteinander von Protestanten und Katholiken stellte sich jedoch in Baden nicht problemlos ein – zu tief waren die ideologischen Gräben, und dies selbst nach den Erfahrungen des Dritten Reiches. So gelang es der neugegründeten badischen CDU (in Südbaden »Badische Christlich-Soziale Volkspartei«, BCSV, ab 1947 CDU) nicht, für Katholiken und Protestanten gleichermaßen wählbar zu werden; nur wenige Protestanten fanden damals den Weg zur CDU. Dies spiegelt sich sowohl in der konfessionellen Struktur der CDU-Mitglieder und CDU-Wählerschaft als auch in der Zusammensetzung des jeweiligen CDU-Bezirksvorstandes wider. So befanden sich z. B. 1945 unter den zwölf Gründungsmitgliedern der BCSV zehn Katholiken und lediglich zwei Protestanten.[4]

Im Vergleich zur konfessionellen Zusammensetzung der Wählerschaft waren die Protestanten im Parteivorstand damit noch überrepräsentiert. Diesen Zusammenhang macht Heinz Striebich in seiner Untersuchung »Konfession und Partei« deutlich, indem er die CDU-Wahlergebnisse bei der Landtagswahl 1947 in (Süd-)Baden und bei den Bundestagswahlen 1949 und 1953 in Gesamtbaden nach evangelischen und katholischen Wählern aufschlüsselt[5]:

Konfessioneller Anteil an CDU-Wählerstimmen

Südbaden:

	CDU-Stimmen von Katholiken	CDU-Stimmen von Protestanten
1947	92,3%	7,7%
1949	91,3%	8,7%

Gesamtbaden:

1949	91,8%	8,2%
1952	92,3%	7,7%
1953	69,1%	30,9%

Auch in der Mitgliederstatistik wird der überragende Katholikenanteil deutlich: So waren z. B. 1948 unter den Mitgliedern der nordbadischen CDU 85 Prozent Katholiken und nur 15 Prozent Protestanten.[6]
Die CDU war demnach in der Zeit nach dem Zweiten Weltkrieg in Gegenden mit hohem Katholikenanteil stark, in Gemeinden mit hohem Protestantenanteil dagegen sehr schwach vertreten.
Diese geringe Akzeptanz der CDU bei Protestanten ist für die unmittelbare Nachkriegszeit in ähnlicher, jedoch nicht so gravierender Form für (Nord-)Württemberg zu konstatieren. Aber in der Gegenwart besteht ein bemerkenswerter Unterschied zwischen den beiden Regionen Baden und (Alt-)Württemberg: So lassen sich heute in (Alt-)Württemberg nur noch geringe Unterschiede in der CDU-Akzeptanz bei Protestanten und Katholiken feststellen. Die CDU hat es hier geschafft, in nahezu gleicher Weise für Katholiken und Protestanten wählbar zu sein. Und wenn für einen württembergischen Protestanten die CDU nicht wählbar sein sollte, so zieht er bei Kommunal-

wahlen verstärkt die »unpolitische« Ausweichmöglichkeit in Form der Freien Wählervereinigung ins Kalkül.

In Baden hingegen wirkt die parteipolitisch polarisierende Tradition bis heute insofern fort, als z. B. Protestanten, die – in weit höherem Maße als in Württemberg – nicht CDU wählen, eher der »politischen« Alternative (= SPD) zuneigen.

Hierzu nun belegende Ergebnisse: Bei den Gemeinderatswahlen 1980 konnte die CDU im Landkreis Emmendingen (39,7% Protestanten, 57,6% Katholiken) 38,1 Prozent der Stimmen erreichen, die SPD 26,8 und die Wählervereinigungen 29,6 Prozent. Zählt man jedoch die Orte dieses Kreises, in denen überwiegend Protestanten leben, gesondert aus, so erhält man ein völlig anderes Bild: CDU 30,7% SPD 34,6% Wählervereinigungen 27,3%. Die Protestanten wählen in diesem badischen Kreis in wesentlich geringerem Maße die CDU, sehr oft geben sie hingegen der SPD ihre Stimme.

Diese Tendenz wird auch im benachbarten Landkreis Ortenau (29,7% Protestanten, 67,4% Katholiken) deutlich. Die Ergebnisse bei derselben Gemeinderatswahl:

Sämtliche Orte:
CDU 48,0% SPD 24,1% Wählervereinigungen (WV) 21,8%.

Orte mit überwiegend evangelischer Bevölkerung:
CDU 34,9% SPD 31,4% Wählervereinigungen (WV) 27,9%.

Die CDU verliert also auch bei den Protestanten dieses Kreises sehr deutlich. Ganz ähnlich sieht es in den Kreisen Karlsruhe und Breisgau-Hochschwarzwald aus:

Landkreis Karlsruhe (Gemeinderatswahl 1980)
Sämtliche Orte:
CDU 46,0%   SPD 32,0%   WV 13,4%
Orte mit überwiegend evangelischer Bevölkerung:
CDU 41,9%   SPD 36,1%   WV 14,5%.

Landkreis Breisgau-Hochschwarzwald (Gemeinderats-
wahl 1980)
Sämtliche Orte:
CDU 40,1%   SPD 20,5%   WV 30,0%
Orte mit überwiegend evangelischer Bevölkerung:
CDU 33,0%   SPD 28,2%   WV 24,2%.

Zum Vergleich die Wahlergebnisse zweier (alt-)württem-
bergischer Kreise mit einem – für (alt-)württembergische
Verhältnisse – relativ hohen Anteil an Katholiken: Landkreis Göppingen (46,0% Katholiken, 47,2% Protestanten)
und Landkreis Heilbronn (34,1% Katholiken, 59,7% Protestanten). Hier zeigt sich zum einen, daß die württembergische Tradition einer Parteien-Distanziertheit voll
zum Tragen kommt (sehr hoher Freier-Wähler-Anteil),
zum andern erkennt man, daß Protestanten, sollte ihnen
eine Wahl der CDU nicht möglich sein, in sehr starkem
Maße den »unpolitischen« Ausweg (= Wählervereinigungen) der »politischen Lösung« (= SPD) vorziehen.

Landkreis Göppingen (Gemeinderatswahl 1980)
Sämtliche Orte:
CDU 32,8%   SPD 27,2%   WV 28,9%
Orte mit überwiegend evangelischer Bevölkerung:
CDU 26,8%   SPD 28,9%   WV 33,5%.

Landkreis Heilbronn (Gemeinderatswahl 1980)
Sämtliche Orte:
CDU 29,3%   SPD 27,0%   WV 36,2%
Orte mit überwiegend evangelischer Bevölkerung:
CDU 22,3%   SPD 28,9%   WV 43,8%.

Zur Bewertung dieser Gemeinderatswahlergebnisse: Sowohl in Baden als auch in (Alt-)Württemberg wählen Protestanten bei Kommunalwahlen zu einem geringeren Prozentsatz CDU als die Katholiken. Nur ist in Baden der Prozentsatz der protestantischen Nicht-CDU-Wähler wesentlich höher als in (Alt-)Württemberg. Ein Grund hierfür sind sicherlich die bis zum heutigen Tag spürbaren Auswirkungen des Kulturkampfes in Baden, in deren Folge die CDU als katholische Partei gilt, die für einen Protestanten nur schwer wählbar ist. Das dadurch entstandene parteipolitische »Klima« in Baden führt auch dazu, daß der nicht CDU wählende Protestant wesentlich stärker die »politische« Alternative (= SPD) ins Kalkül zieht als die »unpolitische« (= Wählervereinigungen).
Die gesamte Kommunalpolitik ist in Baden stark an Parteien orientiert. Dies zeigt sich auch daran, daß die CDU bei der Gemeinderatswahl 1980 im gesamten Regierungsbezirk Freiburg in nur 54 Gemeinden keine eigene (Gemeinderats-)Wahlliste aufstellte, das sind lediglich 17,8 Prozent aller Gemeinden dieses Regierungsbezirks (ausgenommen die Gemeinden mit Mehrheitswahl). Hier legte dann die CDU einen gemeinsamen Wahlvorschlag mit anderen Parteien oder Wählervereinigungen zur Abstimmung vor. Im Regierungsbezirk Karlsruhe waren es gar nur 34 Gemeinden oder 16,26 Prozent aller dortigen Gemeinden, in denen die CDU sich mit einem gemeinsamen Wahlvorschlag den Wählern stellte.

Auch in diesem Punkt unterscheiden sich Baden und (Alt-)Württemberg: Im Regierungsbezirk Stuttgart sind es nämlich 43,4 Prozent aller Gemeinden (149), in denen die CDU nicht mit eigener Liste zur Gemeinderatswahl 1980 antrat, sondern sich mit anderen Parteien oder Wählervereinigungen zusammenschloß. Die CDU ist hier also nicht immer und unmittelbar darauf bedacht, sich als Partei unbedingt »im Alleingang« zu profilieren, sondern es fällt ihr in dieser Region offenbar leichter, gemeinsam mit anderen Parteien oder Wählervereinigungen Listen zu erstellen und so zu einem entspannteren parteipolitischen Miteinander beizutragen. So steht also Parteipolitik in Baden kontra Sachpolitik in (Alt-) Württemberg.

Auch bei den Ergebnissen von Landtags- und Bundestagswahlen zeigen sich beachtliche Unterschiede zwischen Baden und Württemberg, jedoch nicht auf den ersten Blick: Die CDU erzielte bei der letzten Landtagswahl am 25. März 1984 in den drei uns interessierenden Regierungsbezirken (Stuttgart, Karlsruhe, Freiburg) nahezu dieselben Stimmanteile: im Regierungsbezirk Stuttgart 49,1 Prozent und in den Regierungsbezirken Karlsruhe und Freiburg 50,4 bzw. 52,9 Prozent aller Stimmen.

Doch bei genauerer Analyse werden deutliche Unterschiede sichtbar: In Baden können wir ähnlich wie bei den Kommunalwahlen feststellen, daß Protestanten weniger CDU wählen, eher die SPD. In (Alt-)Württemberg hingegen entschied sich bei dieser Wahl ein annähernd gleicher Prozentsatz Protestanten wie Katholiken für die CDU; hier gibt es kaum konfessionsspezifische Unterschiede.

Nachfolgend die Ergebnisse der letzten Landtagswahl (25. März 1984) aus einigen badischen Landkreisen:

166

Landkreis Emmendingen
Sämtliche Orte:
CDU 45,4%   SPD 35,8%   FDP   7,7%   Grüne 10,7%
Orte mit überwiegend evangelischer Bevölkerung:
CDU 34,5%   SPD 44,6%   FDP   8,9%   Grüne 11,4%.

Landkreis Ortenau
Sämtliche Orte:
CDU 57,5%   SPD 29,9%   FDP   5,2%   Grüne   7,0%
Orte mit überwiegend evangelischer Bevölkerung:
CDU 46,4%   SPD 37,3%   FDP   8,0%   Grüne 7,6%.

Landkreis Karlsruhe
Sämtliche Orte:
CDU 55,2%   SPD 32,3%   FDP   5,5%   Grüne 6,7%
Orte mit überwiegend evangelischer Bevölkerung:
CDU 50,6%   SPD 35,2%   FDP   6,5%   Grüne 7,2%.

Landkreis Breisgau-Hochschwarzwald
Sämtliche Orte:
CDU 52,4%   SPD 28,4%   FDP   7,6%   Grüne 11,3%
Orte mit überwiegend evangelischer Bevölkerung:
CDU 45,0%   SPD 33,2%   FDP 10,7%   Grüne 10,5%.

Nahezu identisch damit sind die Ergebnisse der letzten
Bundestagswahl (6. März 1983):

Landkreis Emmendingen
Sämtliche Orte:
CDU 49,3%   SPD 34,4%   FDP   7,3%   Grüne 8,8%
Orte mit überwiegend evangelischer Bevölkerung:
CDU 40,4%   SPD 41,2%   FDP   8,2%   Grüne 9,7%.

Landkreis Ortenau
Sämtliche Orte:
CDU 57,6%   SPD 28,8%   FDP   7,2%   Grüne 6,0%
Orte mit überwiegend evangelischer Bevölkerung:
CDU 47,5%   SPD 35,8%   FDP   9,5%   Grüne 6,5%.

Landkreis Karlsruhe
Sämtliche Orte:
CDU 56,6%   SPD 30,0%   FDP   7,3%   Grüne 5,6%
Orte mit überwiegend evangelischer Bevölkerung:
CDU 52,2%   SPD 33,1%   FDP   8,3%   Grüne 6,1%.

Landkreis Breisgau-Hochschwarzwald
Sämtliche Orte:
CDU 53,5%   SPD 27,8%   FDP   8,9%   Grüne 9,4%
Orte mit überwiegend evangelischer Bevölkerung:
CDU 45,5%   SPD 32,9%   FDP 11,3%   Grüne 9,8%.

In Baden erzielt die CDU also auch bei Landtags- und
Bundestagswahlen in Gemeinden mit überwiegend protestantischer Bevölkerung einen geringeren Stimmenan-
teil als in Orten mit überwiegend katholischen Einwohnern.
Anders die Tradition und die Wahlergebnisse in (Alt-)
Württemberg. Hierzu wieder die beiden Kreise Göppingen und Heilbronn:

Landkreis Göppingen (Landtagswahl 25. März 1984)
Sämtliche Orte:
CDU 49,2%   SPD 35,4%   FDP   7,9%   Grüne 7,2%
Orte mit überwiegend evangelischer Bevölkerung:
CDU 47,4%   SPD 35,7%   FDP   8,9%   Grüne 7,5%.

Landkreis Heilbronn (Landtagswahl 25. März 1984)
Sämtliche Orte:
CDU 48,9% SPD 35,2% FDP 7,4% Grüne 8,2%
Orte mit überwiegend evangelischer Bevölkerung:
CDU 46,9% SPD 35,6% FDP 8,6% Grüne 8,4%.

Landkreis Göppingen (Bundestagswahl 6. März 1983)
Sämtliche Orte:
CDU 50,5% SPD 33,6% FDP 9,6% Grüne 5,7%
Orte mit überwiegend evangelischer Bevölkerung:
CDU 48,8% SPD 33,5% FDP 11,1% Grüne 5,8%.

Landkreis Heilbronn (Bundestagswahl 6. März 1983)
Sämtliche Orte:
CDU 49,2% SPD 33,3% FDP 10,6% Grüne 6,4%
Orte mit überwiegend evangelischer Bevölkerung:
CDU 47,9% SPD 33,25% FDP 11,7% Grüne 6,5%.

Die Protestanten in (Alt-)Württemberg wählen bei Bundes- und Landtagswahlen die CDU nur geringfügig weniger als die Katholiken; die SPD kann bei dieser Bevölkerungsgruppe keine Stimmen hinzugewinnen, die FDP ebenfalls nur in geringem Umfang.
Der regional unterschiedliche Anteil von Protestanten in der CDU spiegelt sich im übrigen auch in der Mitgliederstruktur (und in der Zusammensetzung des Bezirksvorstandes) wider. So hatte die CDU Nordwürttembergs 1977 unter ihren Mitgliedern 35 Prozent Protestanten, die CDU Nordbadens 25 und die CDU Südbadens lediglich 14,1 Prozent.[7]
In Baden stehen nicht nur politische Parteien hoch im Kurs, sondern auch Vereine. So gaben z. B. 52 Prozent aller Brettener (10500 Einwohner zur Zeit der Erhebung)

an, in einem oder mehreren Vereinen Mitglied zu sein; in Karlsruhe-Stadt (131100 Einwohner) waren dies nahezu 47 Prozent und in den Landgemeinden des Kreises Karlsruhe 53,3 Prozent. Zieht man »württembergische« Zahlen zum Vergleich heran, so wird die unterschiedliche Akzeptanz deutlich: In der ehemals Freien Reichsstadt Reutlingen (96000 Einwohner), nach Napoleon dem Königreich Württemberg zugeschlagen, gaben 34,3 Prozent eine Mitgliedschaft in einem oder mehreren Vereinen an, im oberschwäbischen Ravensburg (42000 Einwohner) 44,3 Prozent.[8] Vergleicht man diese Werte mit den für die gesamte Bundesrepublik ermittelten Durchschnittszahlen, wonach 47 Prozent der Landbevölkerung, 44 Prozent der Einwohner einer Mittelstadt, 40 der Großstadtbewohner und 31 bis 33 Prozent der Einwohner einer Millionenstadt Mitglied in einem Verein sind[9], so wird hier die stärkere Bereitschaft der Badener deutlich, sich in Vereinen zusammenzuschließen. »Altwürttembergische« Vergleichsdaten liegen nicht vor, so daß hier nur die Tendenz entscheidend ist: Sowohl eine stärkere Parteiakzeptanz als auch eine häufigere Vereinsmitgliedschaft sind in Baden im Vergleich zu Württemberg festzustellen.

Vergesellschaftung

Ehe wir nun versuchen, diese Tatbestände zu interpretieren, ist es nötig, die bisher ermittelten Grundlegungen politischer Kultur in Baden zumindest schlaglichtartig Revue passieren zu lassen. Zuerst ist hierbei auf die Ungereimtheiten hinzuweisen, die vielfach die neuere badische Geschichte kennzeichneten. Der einzelne konnte in einem Land, das die Liberalität und den Fortschritt auf sein Banner schrieb, durchaus die Vorstellung entwickeln, nur sehr bedingt als gleichberechtigter Partner an der Gestaltung seiner Umwelt teilhaben zu dürfen. Daraus resultierte oftmals ein Gefühl der Verhaltensunsicherheit, das der einzelne durch den Rückgriff auf verhaltensstabilisierende Institutionen auszugleichen versuchte, deren Angebote ihm halfen, die Welt zu interpretieren und ihm darüber hinaus Verhaltensstrategien zur Verfügung stellten. Diese Aufgaben übernahmen Parteien und Vereine. Durch die festen Sinn- und Verhaltensmuster, die sie anboten, konnten sie nicht nur Verhaltensunsicherheiten ausgleichen, sondern zudem, weil sie neue soziale und individuelle Kräfte freisetzten, als Träger einer umfassenden »Modernisierung« wirken, die – wie wir wissen – in Baden frühzeitiger einsetzte als in (Alt-) Württemberg.

An dieser Stelle gilt es innezuhalten und den Prozeß der Modernisierung in groben Schritten aufzuzeigen, da hier die eigentliche Grundlage für die unterschiedliche Ausprägung der politischen Kulturen in Baden und (Alt-) Württemberg zu suchen ist.

»Der Mensch der alten Welt lebte in den Bindungen des ganzen Hauses, der korporativen Organisation, der Zünfte und der Dorfgenossenschaft, der lokalen Herrschaft, der Nachbarschaft, des Heimatortes, der Kirchengemeinde, der Region – der überschaubaren Welt.«[10]

Das Dorf war »trotz aller Spannungen die Welt, in der man lebte, die Welt, die von aller Welt ›draußen‹ geschieden war«[11].

Doch im Gefolge der Aufklärung verlor diese in sich geschlossene Welt vom späten 18. Jahrhundert ab ihre Selbstverständlichkeit. »Der Mensch trat aus den begrenzten sozialen Gebilden seiner Herkunftswelt, aus ihren Traditionen, aus der unmittelbar anschaulichen Präsenz von Normen und Sinn heraus. Er geriet so in eine gewisse Isolierung, die oft als Entwurzelung, als Entfremdung (...) beschrieben worden ist. Die Sicherheit der Orientierungen wurde im Zeitalter der Bewegung erschüttert.«[12]

Der einzelne Mensch war infolge dieses Prozesses gezwungen, sich für sein eigenes Leben Sicherheiten und Orientierungen zu verschaffen. Korporation und Stand konnten dies nicht mehr leisten. »Solche Organisationen werden, wir sagten es, aufgelöst, die Gesellschaft dekorporiert. Aber an ihre Stelle tritt nicht ein Vakuum, sondern eine neue Organisation: die Assoziation, der Verein, d. h. der freie Zusammenschluß von Personen.«[13]

Gerade das Vereins- und Parteiwesen bezeichnet »jenes neuartige Prinzip der Vergesellschaftung, aus dem die moderne Gesellschaft recht eigentlich entstanden ist«[14]. Neuen geistigen und sozialen Kräften steht nun eine Organisationsform zur Verfügung, um sich im gesellschaftlichen Geschehen artikulieren und durchsetzen zu können.

Die Auflösung überkommener Ordnungen zum Ende des 18. und im Laufe des 19. Jahrhunderts konnte in Baden frühzeitiger und rascher einsetzen als in (Alt-)Württemberg. In Baden lagen Bedingungen vor, beschrieben als Grundlegungen politischer Kultur, die diesen Prozeß beschleunigten. Der Wandel wurde auf vielfältigste Weise flankierend unterstützt, die Modernisierung vorangetrieben.

Diese starken Modernisierungstendenzen im letzten Jahrhundert sind charakteristisch für das damalige Baden. Sahen wir die sozialen, kulturellen und politischen Beziehungen in (Alt-)Württemberg durch das Prinzip der

»Vergemeinschaftung« bestimmt, so lassen sich nun die sozialen, kulturellen und politischen Beziehungen in Baden durch das Prinzip der »Vergesellschaftung« kennzeichnen. Hierunter wollen wir in Anlehnung an Max Weber die Summe aller sozialen Beziehungen verstehen, »wenn und soweit die Einstellung des sozialen Handelns auf rational (wert- oder zweckrational) motiviertem Interessenausgleich oder auf ebenso motivierter Interessenverbindung beruht«[15]: Nicht das Gefühl der Zusammengehörigkeit steht also bei den Beteiligten im Vordergrund, sondern ein kalkulierender Akt der Interessendurchsetzung.

Der lokalen, gemeindlichen Orientierung, die das Zusammengehörigkeitsgefühl hätte fördern können, ging man in Baden stärker und frühzeitiger verlustig als in (Alt-)Württemberg; dabei unterstützten die beschriebenen Grundlegungen politischer Kultur diese Loslösung in eminenter Weise. Der einzelne konnte daher das Vertretensein seiner eigenen Interessen im gemeindepolitischen Raum nicht von vornherein vermuten; starke überlokale Orientierungen und Einflüsse erschwerten das selbstverständliche Zusammenleben in der Gemeinde. Erscheint es daher nicht plausibel, daß sich der einzelne – in der Tradition dieser geschichtlichen Vorgaben – auch heute noch solche Sicherheiten zu verschaffen sucht, die zum einen seiner eigenen überlokalen Orientierung Rechnung tragen und zum andern mithelfen, seine individuellen und gruppenspezifischen Interessen innerhalb der Gemeinde zu vertreten und ihnen zur Durchsetzung zu verhelfen? Solche Möglichkeiten bieten in ganz erheblichem Maße die Parteien an, daher auch deren starke Bedeutung im heutigen Baden.

Ausblick

Wir haben in den vorangegangenen Ausführungen Elemente der politischen Kultur, also Traditionen, Glaubensüberzeugungen, Wertvorstellungen und Gewohnheiten der Bürger in (Alt-)Württemberg und Baden aufgezeigt, sie auf ihre Wirksamkeit überprüft und nach den verschiedenen Grundlegungen dieser regionalen politischen Kulturen gefragt. Die unterschiedliche Bedeutung der politischen Parteien hat uns dann zu der Einsicht geführt, das (gemeinde-)politische Leben in Baden eher durch Vergesellschaftungstendenzen, das in (Alt-)Württemberg eher durch Vergemeinschaftungsformen gekennzeichnet zu sehen.

Jedoch: Vollziehen sich in der jüngeren Geschichte nicht starke Angleichungen zwischen beiden Regionen? Folgt Württemberg nicht dem modernen Vorbild Badens? Läßt sich angesichts der Ausbreitung einer undifferenzierten Massenkultur nicht generell die Frage stellen, ob regionale politische Kulturen noch eine Prägekraft für den einzelnen besitzen oder ob nicht vielmehr nationale und internationale Einflüsse in solchem Maße politische Handlungsorientierungen bestimmen, daß allmählich der Fleckenteppich »regionale politische Kulturen« von der kulturellen Landkarte verschwindet? Manches weist darauf hin.

Andererseits sind aufgrund einer unüberschaubar und bedrohlich wirkenden Welt »Heimat« und »Region« wieder gefragt. Treten somit regionale Eigen- und Sonderheiten, treten regionale politische Kulturen wieder verstärkt in den Vordergrund?

Eine Beantwortung dieser Fragen ist heute noch nicht möglich. Die Zukunft wird zeigen, ob und auf welche Weise regionale politische Kulturen weiterwirken und dem einzelnen beim Welt- und Politikverständnis auf vielfältigste Weise dienlich sein können.

Daß es aber zu bedauern wäre, wenn die unterschiedlichen regionalen politischen Kulturen einer nationalen, wenn nicht gar internationalen kulturellen Konformität weichen müßten, dies sollte auch in der vorliegenden Arbeit deutlich werden. So macht es eben doch den Reiz und den Erfolg des Landes Baden-Württemberg aus, daß zu Beginn der fünfziger Jahre zwei bedeutende, in langer Tradition gewachsene regionale politische Kulturen (natürlich nicht zu vergessen Hohenlohe, Oberschwaben, Hohenzollern usw.) vereint wurden zu einem Bundesland. Zwei »ungleiche Brüder«, »Fortschritt« und »Tradition«, trafen aufeinander und ließen Baden-Württemberg zu dem werden, was es heute ist: Musterländle im deutschen Südwesten.

Politische Kultur:
Exkurs zu Theorie und Methode

Bei der Beschäftigung mit Politik stehen zumeist Regierungen, Regierungssysteme, Verfassungen und Politiker im Vordergrund. Der einzelne Bürger erscheint dagegen nur am Rande. Solch eindimensionale Sicht von Politik läßt jedoch außer acht, daß gerade Traditionen, Werte und Überzeugungen der Bürger ganz entscheidend Politik mitprägen. Diese subjektive Dimension formt und leitet – davon geht die politische Kulturforschung aus – die politischen Handlungsvollzüge der einzelnen.

Die Beweggründe für politisches Handeln können jedoch sehr vielschichtig sein. Daher gilt es, bei der historischen Analyse vor allem auf Regelmäßigkeiten und immer wiederkehrende Muster politischen Verhaltens zu achten und diese nach ihren Entstehungsgründen zu hinterfragen.

Dabei festgestellte Regelmäßigkeiten und wiederkehrende Muster werden in sogenannten »Idealtypen«[1] gebündelt dargestellt; das heißt: In den beiden Idealtypen »politische Kultur (Alt-)Württembergs« und »politische Kultur Badens« sind diejenigen Grundlegungen politischen Verhaltens zusammengefaßt, die uns als charakteristisch und wichtig für das politische Handeln der einzelnen und somit für die jeweilige regionale politische Kultur erscheinen. Diese durchaus subjektive Auswahl soll als Hilfsmittel dienen, die mannigfaltigen historischen, politischen und kulturellen Einzelerscheinungen einordnen und bewerten zu können. Das ist eine soziologische Vorgehensweise.

Um nun die beiden Idealtypen »politische Kultur (Alt-) Württembergs« und »politische Kultur Badens« zu gewinnen, scheint es vor allem angebracht, (regionale) geschichtliche Entwicklungen zu analysieren, denn politische Kultur ist nicht aus unerfindlichem Grunde plötzlich existent, ebensowenig wie Glaubensüberzeugungen und Wertvorstellungen; politische Kultur entwickelt sich, wird über Jahre, Jahrzehnte, ja Jahrhunderte hinweg durch unzählige historische Gegebenheiten geformt und nimmt auf diese Weise in nicht immer geradlinig verlaufenden Prozessen ihre heutige Gestalt an. Will man sich den Grundlegungen einer politischen Kultur nähern, so ist es deshalb erforderlich, daß man bei bestimmten historischen Daten (sozial- und kultur-)geschichtliche »Tiefenbohrungen« vornimmt, um Entwicklungstendenzen feststellen zu können. Doch solche sozialgeschichtlichen Tiefenbohrungen müssen zielgerichtet sein: »Keine politische Kultur läßt sich ohne Rückgriff auf historische Erfahrungen und ihre Speicherung im ›kollektiven Gedächtnis‹ einer Nation erforschen. Aber mit der Geschichte ist es wie mit den politischen Institutionen eines Landes: Sie interessieren nicht als solche, sondern im Blick auf die Weise der Betroffenheit der Bevölkerung durch sie.«[2] Diese Betroffenheit entstand durch Gesetze, Verordnungen und Sanktionen, durch geistesgeschichtliche Strömungen, religiöse Umbrüche oder auch durch

Kriege und Naturkatastrophen. Von einem »kollektiven Gedächtnis« läßt sich aber erst dann sprechen, wenn diese historischen Erfahrungen an nachfolgende Generationen weitergegeben und somit allmählich zu einer wichtigen Verhaltensgrundlage werden. Diesen Prozeß initiieren und unterstützen, bewußt wie unbewußt, die Familie, die Schule, religiöse Gruppierungen, Verein, Dorfgemeinschaft usw.

Noch ein weiterer Punkt ist entscheidend für das Ausmaß der Betroffenheit: Das *gemeinsame* Erleben und Erleiden der Gesetze, Verordnungen und Vorschriften, das Bewußtsein, sich durch gemeinsame Bande, durch gemeinsame Kenntnisse und Erfahrungen verknüpft zu wissen. Dieses gemeinsame Erleben und Erleiden konnte nur innerhalb der Grenzen eines fest umrissenen Territoriums erfolgen. Hier war jeder Bewohner in mehr oder weniger gleichem Maße von Gesetzen und Verordnungen, vom gleichen Schicksal betroffen.

Doch stellt sich sogleich die Frage, ob man bei einem Land wie der Bundesrepublik Deutschland, das eine Vielzahl von jahrhundertelang selbständigen Territorien in sich vereint, nur von einer *nationalen* politischen Kultur sprechen darf oder ob das gemeinsame Erleben und Erleiden nicht auch, und vielleicht in entscheidenderem Maße, in den einzelnen Territorien stattfand. Sicherlich ist die nationale politische Kultur nicht zu vernachlässigen: die gemeinsamen Erfahrungen von Krieg, Bombardierungen, Vertreibung, Wiederaufbau und »Wirtschaftswunder«; doch die individuellen Verhaltensorientierungen für alltägliche Situationen (also auch für politisches Handeln) werden – so unsere These – in wesentlich stärkerem Maße aus Traditionen, Gewohnheiten und Werten gespeist, die im Bereich eines Territoriums, einer

Region grundlegend entstanden und weiterhin prägend auf die Bewohner dieser Region wirken.

»Als Region definieren wir ein umgrenztes Gebiet mit festen Traditionen, die bis zum heutigen Tag verhaltensprägend sind. Subjektiv schlägt sich die Region als Bewußtsein von der Zugehörigkeit (Wir-Bewußtsein) bei ihren Bewohnern nieder. Grenzen und Spezifika der Region sind historisch bestimmt durch die früheren politischen Herrschaftsverhältnisse, die die Bewohner einem gemeinsamen Schicksal unterwarfen, die ihnen gemeinsame kollektive Schlüsselerlebnisse vermittelten und die die Grenzen religiöser, kultureller, wirtschaftlicher Betätigung bildeten wie überhaupt den ganzen Lebenszusammenhang prägten.«[3]

Die ursprünglichen territorialen Zugehörigkeiten sind also für die regionalen politischen Kulturen entscheidend. Ob in Bayern, Hessen oder eben auch in (Alt-) Württemberg und Baden, überall existieren eigenständige regionale politische Kulturen.

Die nationale politische Kultur und die regionalen politischen Kulturen sind dabei durchaus zwei unterschiedliche Ebenen. Die Summe der regionalen politischen Kulturen ist keineswegs identisch mit der nationalen politischen Kultur. Besser läßt sich das Verhältnis zwischen nationaler und regionaler politischer Kultur als »abgestufte Loyalität« im Bewußtsein des einzelnen bezeichnen. So ist der einzelne z. B. zuerst Nürnberger, dann Franke, Bayer und dann Deutscher. »Diese Loyalitäten stehen nicht gleichrangig nebeneinander, sondern sind hierarchisch geordnet. Wenn die eine in ihrer Bedeutung abnimmt, können nachgeordnete hervortreten.«[4]

Faktoren, Ursachen und Zeitumstände, die für das Entstehen einer regionalen politischen Kultur bedeutsam waren, nennen wir *Bedingungsfaktoren*; diese wurden bei der Untersuchung der regionalen politischen Kulturen Badens und (Alt-)Württembergs als Hilfsmittel zur Analyse herangezogen.

Bei den Bedingungsfaktoren für eine regionale politische Kultur stehen an hervorragender Stelle: *Landschaft und Geographie*. Ob ein Volk in einer Gebirgslandschaft oder in einem weiten, flachen Land lebt, dies zeitigt Auswirkungen auf das Zusammenleben der Menschen und gehört daher zu den Bedingungsfaktoren für eine regionale politische Kultur. Hauptverkehrsadern, die ein Land durchziehen, im Gegensatz zu einem von der Welt abgeschnittenen »Hinterwäldlertum«, auch dies kann zu Rückschlüssen auf das »So-Sein« oder das »So-geworden-Sein« der jeweiligen Einwohner, ihrer (politischen) Einstellungen und Werte, kurz, ihrer politischen Kultur führen. Die mögliche Grenzlage eines Landes darf nicht unbeachtet bleiben, ebenfalls nicht dessen naturräumliche Ausstattung (Bodenschätze, Qualität der landwirtschaftlichen Nutzfläche).

Ein weiterer Bedingungsfaktor für regionale politische Kultur: die *historischen Grenzen*. Diese Grenzen, vielleicht heute nicht mehr auf der politischen Landkarte auffindbar, sind der Grundstock für eine gemeinsame politische Kultur.

Die Bedeutung der historischen Grenzen führte zu der Überlegung, (Alt-)Württemberg, eben das Territorium des ehemaligen Herzogtums, wie es vor 1806 Bestand hatte, und nicht auch die Regionen »Neu-Württembergs« (Oberschwaben, Teile Vorderösterreichs, ehemals Freie Reichsstädte usw.), die erst nach der napoleonischen »Flurbereinigung« dem Königreich zugeschlagen wurden, als Untersuchungsraum zu benennen. Denn für das

Gebiet des ehemaligen Herzogtums Wirtemberg – also für (Alt-)Württemberg – kann eine so gut wie ununterbrochene territoriale Kontinuität ins Feld geführt werden, die, so unsere These, bis heute prägend auf die politische Kultur dieser Region wirkt.

Anders stellt sich die Sachlage für Baden dar: Hier existierte 1806 bei der Konstituierung des Großherzogtums kein so dominierendes Stammland, Altwürttemberg vergleichbar. Für Baden ist das mehr oder weniger gleichgewichtige Nebeneinander vormals selbständiger Herrschaftsgebiete – ob Baden-Durlach, Vorderösterreich oder die Kurpfalz – charakteristisch. Baden ist eine Neuschöpfung aus völlig heterogenen Teilen, ohne eine dominante Ausgangskultur. Daher wählen wir Baden in seiner Gesamtheit als Untersuchungsgebiet, weil hier der Aspekt des Neugeschaffenen nach 1806 das eigentlich Charakteristische darstellt und diesem somit Rechnung getragen werden muß.

Gesetze, staatliche Verordnungen und Vorschriften, die für ein Land Geltung besaßen (und eventuell heute noch besitzen), bedingen politische Kultur gleichfalls in je spezifischer Weise. Ob durch staatliche und obrigkeitliche Eingriffe der Handlungsspielraum für den einzelnen stark eingeschränkt wurde oder nicht, dies läßt in dem einen Volk ein anderes Miteinander entstehen als in dem anderen Volk, das seit jeher gewisse Rechte sein eigen nennen konnte.

Politik findet ihre Verwirklichung in der Verwaltung, denn Gesetze, staatliche Verordnungen und Vorschriften wirkten und wirken sich auch heute noch für den einzelnen Bürger im *Verwaltungsstil* der örtlichen und überörtlichen staatlichen Behörden aus. In dem einen Staat kann stur nach Gesetz und Vorschrift gehandelt werden, wogegen in einem anderen eher eine gewisse Kulanz herrschen mag. Solches wirkt sich je unterschiedlich handlungsanleitend auf die Einstellungen der Bürger nicht nur gegenüber diesen staatlichen Stellen aus.

Eng verknüpft mit den zuletzt genannten Bedingungsfaktoren »staatliche Verordnungen« und »Verwaltungsstil« ist das *Maß an Selbstverwaltung,* das lokalen und überlokalen Einheiten gewährt wurde. Ob und inwieweit der einzelne in örtliche und überörtliche Entscheidungen und Entscheidungsprozesse eingebunden ist, dies prägt auf vielfältige Weise sein Selbstbewußtsein und seine Einstellung zu politischen und gesellschaftlichen Fragen. Der unterschiedliche Grad an gewährter Selbstverwaltung wirkt so bei der Ausgestaltung einer politischen Kultur mit.

Ein weiterer Bedingungsfaktor für politische Kultur: »*demokratische Traditionen*« – hierunter verstehen wir institutionalisierte Mitwirkungsmöglichkeiten – verweist auf die Dauer der Einflußnahme bei der Ausgestaltung einer politischen Kultur. Ob demokratische Traditionen für ein Land symptomatisch sind oder nicht, ob demokratisches Verhalten eingeübt wurde oder nicht, dies zeitigt Auswirkungen im heutigen Miteinander und prägt darüber hinaus politische Werthaltungen wie aktuelles politisches Handeln.

Ob katholisch, ob evangelisch – die *Religionszugehörigkeit* ist ein weiterer Bedingungsfaktor für (regionale) politische Kultur. Konfessionell geprägte Denkweisen und Verhaltensmuster beeinflussen das Handeln, auch und gerade das politische Handeln des einzelnen.

Ein letzter Bedingungsfaktor sei angeführt: die »*kollektiven Schlüsselerlebnisse*«. Kollektives Schlüsselerlebnis meint das gemeinsame Erleiden oder die gemeinsame

Bewältigung von Krisen wie Kriegssituationen, Revolutionen (1848), Nationalsozialismus oder wirtschaftliche Krisen. Dies läßt in einem Volk ein spezifisches Wir-Bewußtsein und eine spezifische politische Kultur mit spezifischen Handlungsmustern entstehen.

Anhand der Bedingungsfaktoren soll aufgezeigt werden, wodurch eine politische Kultur ihre jeweilige charakteristische Bestimmung erfährt. Nachfolgend wird gefragt, wo politische Kultur im (politischen) Alltag sichtbar und manifest zutage tritt.

»Politische Kultur« dokumentiert sich bei verschiedenen Anlässen und Begebenheiten in jeweils unterschiedlichen Verhaltensweisen und Werthaltungen. Die nachfolgenden Punkte werden »*Manifestationen politischer Kultur*« genannt, soll heißen: hier wird die charakteristische Ausprägung einer politischen Kultur sichtbar.

Dies trifft zum Beispiel auf das *Wahlverhalten* zu, die geradezu klassische »Meßlatte« für politische Kultur. Dem liegt die Annahme zugrunde, daß Wertvorstellungen, Traditionen, Glaubensüberzeugungen und Gewohnheiten, die in einem Land herrschen, kurz, daß die politische Kultur bei politischen Wahlvollzügen offen zutage tritt. Welche Partei gewählt oder welcher Bürgermeistertypus bevorzugt wird, ob überhaupt eine Wahlbereitschaft vorhanden ist oder nicht, diese unterschiedlichen Verhaltenseinstellungen sind grundgelegt in der jeweiligen politischen Kultur.

Gleiches läßt sich über die *Einstellungen der Bürger gegenüber der örtlichen und überörtlichen Verwaltung* festhalten. Ob man die Verwaltung als »seine« Verwaltung oder nur als obrigkeitsstaatliches Befehlsorgan ansieht und wie man dann entsprechend mit ihr umgeht, die Beweggründe hierfür weisen auf die politische Kultur.

In weiteren Bereichen findet politische Kultur ihren greifbaren Ausdruck, so in der *Einstellung zu Parlament, Gemeinderat und Bürgermeister*. Ob der Bürgermeister als Vehikel zur Durchsetzung von Gruppeninteressen oder als überparteilich und interessenausgleichend eingeschätzt wird, dies ist unter anderem Ausdruck einer spezifischen politischen Kultur, die wiederum durch bestimmte historische Bedingungen ermöglicht wurde.

Eine weitere Manifestation zeigt sich in der unterschiedlichen *Bewältigung von Krisensituationen* und kollektiven Schlüsselerlebnissen. Ein resigniertes »Kopf-hängen-Lassen« kann ebenso einer spezifischen politischen Kultur entstammen wie revolutionäres Aufbegehren. Auch bereitwilliges Aufnehmen von Innovationen mag Ausdruck politischer Kultur sein, ebenso ängstliche Skepsis oder gar Maschinenstürmerei. Die jeweiligen Handlungsorientierungen erfahren dabei ihre Grundlegung durch sozial-, kultur- und geistesgeschichtliche Ereignisse und Entwicklungen.

Doch wie stehen Manifestationen und Bedingungsfaktoren zueinander in Beziehung? Welche Prozesse gehen vonstatten, daß eine durch bestimmte Bedingungsfaktoren geprägte politische Kultur manifest zutage tritt? Politische Kultur entwickelt sich über Generationen hinweg. Das Weitertragen politischer Überzeugungen und Werthaltungen von Generation zu Generation erfolgt in erster Linie durch *Vermittlergruppen*: in Familien, Schulen, Vereinen, Jugendorganisationen, Kirchen und Parteien werden politische Verhaltensmuster gelernt und eingeübt.

Politische Kultur umfaßt also Vorgaben aus der Geschichte, Vorgaben, die in Form tradierter Wertvorstellungen, Emotionen und Glaubensüberzeugungen heutigem poli-

tischem und sozialem Handeln die Bahn weisen. Daher
kann und darf aktuelle Politik nicht losgelöst vom Bürger,
losgelöst von dessen Glaubensüberzeugungen und Wertvorstellungen, losgelöst von der politischen Kultur und
losgelöst von der Geschichte gesehen und erklärt werden.

Anmerkungen

Vorwort

1 Das vorliegende Buch wurde in erweiterter Form als Dissertation von der Fakultät für Sozial- und Verhaltenswissenschaften der Universität Tübingen unter dem Titel »Badener und Württemberger. Untersuchungen zur regionalen politischen Kultur« angenommen.

Einleitung

1 Edwin Konnerth. In: Südwest Presse Ulm, 24. April 1982
2 Gebhard Müller. In: Stuttgarter Nachrichten, 24. April 1982

(ALT-)WÜRTTEMBERG: DAS LAND UND SEINE GESCHICHTE

1 Peter Lahnstein, Württemberg anno dazumal, Stuttgart 1964, S. 24
2 ebenda, S. 25 f.
3 Hans Philippi, Das Königreich Württemberg im Spiegel der preußischen Gesandtschaftsberichte 1871–1914, Stuttgart 1972, S. 4

Überschaubarkeit

1 Laetitia Boehm, Geschichte Burgunds, Stuttgart ²1979, S. 27
2 Otto Borst, Schwäbische Urbanität? In: Stuttgarter Zeitung, 10. Juli 1982, S. 49

3 Friedrich Theodor Vischer, Auch Einer. Eine Reisebekanntschaft, Stuttgart/Berlin 1917, S. 440

4 Amadeus Siebenpunkt, Deutschland deine Badener, Hamburg ³1978, S. 13

5 Alfred Dehlinger, Württembergisches Staatswesen, Stuttgart 1951, S. 290

6 Hermann Bausinger, Zur politischen Kultur Baden-Württembergs, in: ders., Theodor Eschenburg u. a., Baden-Württemberg. Eine politische Landeskunde, Stuttgart 1975, S. 18

7 Walter Grube, Vogteien, Ämter, Landkreise in der Geschichte Südwestdeutschlands, Stuttgart ²1960, S. 12

8 Georg Christoph von Unruh, Der Kreis – Ursprung, Wesen und Wandlungen, in: Verein für die Geschichte Deutscher Landkreise e.V. (Hrsg.), Der Kreis, erster Band, Köln und Berlin 1972, S. 36

9 Alfred Dehlinger, Württembergisches Staatswesen, a.a.O., S. 97

10 ebenda, S. 83

11 Walter Grube, Stände in Württemberg, in: Von der Ständeversammlung zum demokratischen Parlament, hrsg. von der Landeszentrale für politische Bildung Baden-Württemberg, Stuttgart 1982, S. 46

12 ebenda

Gereimtheit

1 Otto Borst, Schwäbische Urbanität?, a.a.O., S. 49

2 Karl Julius Weber, Reise durch das Königreich Württemberg, Reprint Stuttgart 1978, S. 146 (Erstauflage 1826)

3 Walter Grube, Vogteien, Ämter, Landkreise in der Geschichte Südwestdeutschlands, a.a.O., S. 30

4 ebenda, S. 29

5 Dieter Langewiesche, Liberalismus und Demokratie in Württemberg zwischen Revolution und Reichsgründung, Düsseldorf 1974, S. 52

6 Albert Schäffle, Beiträge zu einer vergleichenden Darstellung der deutschen Gemeindeorganisation, in: Zeitschrift für die gesamte Staatswissenschaft, 22, 1866, S. 68

7 ebenda, S. 70

8 Hans-Georg Wehling, Die Entwicklung des Bürgermeisteramtes in Baden-Württemberg im 19. und 20. Jahrhundert, in: Schwäbische Heimat, Heft 3, 1984, S. 267

9 Walter Grube, Vogteien, Ämter, Landkreise in der Geschichte Südwestdeutschlands, a.a.O., S. 20

10 Angelika Bischoff-Luithlen, Dorf war nie gleich Dorf, in: Der Bürger im Staat, Heft 1, 1980, S. 47

11 Walter Grube, Vogteien, Ämter, Landkreise in der Geschichte Südwestdeutschlands, a.a.O., S. 37

12 Jörg Schadt/Wolfgang Schmierer, Einleitung, in: dies. (Hrsg.), Die SPD in Baden-Württemberg und ihre Geschichte, Stuttgart 1979, S. 22

Überwachungsstaat

1 Hermann Bausinger, Zur politischen Kultur Baden-Württembergs, a.a.O., S. 22

2 Dieter Narr, Zur Stellung des Pietismus in der Volkskultur Württembergs, in: Württembergisches Jahrbuch für Volkskunde 1957/58, Stuttgart 1958, S. 17

3 Joachim Trautwein, Religiosität und Sozialstruktur, Stuttgart 1972, S. 52

4 Angelika Bischoff-Luithlen, Dorf war nie gleich Dorf, a.a.O., S. 48

5 Angelika Bischoff-Luithlen, Von Amtsstuben, Backhäusern und Jahrmärkten. Ein Lese- und Nachschlagebuch zum Dorfalltag im alten Württemberg und Baden, Stuttgart 1979, S. 203

6 Joachim Trautwein, Religiosität und Sozialstruktur, a.a.O., S. 23

7 Angelika Bischoff-Luithlen, Dorf war nie gleich Dorf, a.a.O., S. 47

8 Friedrich Heinz Schmidt-Ebhausen, Kirchenkonvents-Protokolle als volkskundliche Quelle, in: ders., Forschungen zur Volkskunde im Deutschen Südwesten, Stuttgart 1963, S. 35

9 Angelika Bischoff-Luithlen, Von Amtsstuben, Backhäusern und Jahrmärkten, a.a.O., S. 145

10 ebenda, S. 25

11 Martin Scharfe, Die Religion des Volkes. Kleine Kultur- und Sozialgeschichte des Pietismus, Gütersloh 1980, S. 58

12 Max Horkheimer, Autorität und Familie, in: ders., Traditionelle und kritische Theorie, Frankfurt a. M. 1968, S. 207

13 Tilmann Moser, Gottesvergiftung, Frankfurt a. M. 1980, S. 17

14 ebenda, S. 10

15 Ernst Troeltsch, Die Soziallehren der christlichen Kirchen und Gruppen, Tübingen 1923, S. 557 f.

188

16 Hans-Georg Wehling, Regionen, in: Martin Greiffenhagen, Sylvia Greiffenhagen, Rainer Prätorius (Hrsg.), Handwörterbuch zur politischen Kultur der Bundesrepublik Deutschland, Opladen 1981, S. 422

17 ebenda

18 August Lämmle, Über das württembergische Volk, in: Württembergische Studien, Festschrift zum 70sten Geburtstag von Professor Eugen Nägele, Stuttgart 1926, S. 20

19 Max Weber, Die protestantische Ethik und der Geist des Kapitalismus, Tübingen 1920

20 Hermann Bausinger, Zur politischen Kultur Baden-Württembergs, a.a.O., S. 25

21 Elisabeth Noelle-Neumann, Badener und Württemberger. Eine demoskopische Randnotiz, in: Theodor Eschenburg/Ulrich Frank-Planitz (Hrsg.), Republik im Stauferland, Stuttgart 1977, S. 29

22 Angelika Bischoff-Luithlen, Bräuche, Lebensformen und Rechtsverordnungen in Altwürttemberg, in: Irmgard Hampp, Peter Assion (Hrsg.), Forschungen und Berichte zur Volkskunde in Baden-Württemberg (Band 1), Stuttgart 1973, S. 98

23 Elisabeth Noelle-Neumann, Badener und Württemberger, a.a.O., S. 29

24 Gerhard Vescovi, Hippokrates im Heckengäu, Stuttgart 1975, S. 54

25 J. Gestrich, H.-W. Schied, W. Blank, W. Weise, H. Heimann, Depressive Erkrankungen bei Schwaben und Heimatvertriebenen. Ein epidemiologischer Beitrag zur Frage der höheren Neigung der Schwaben zur Melancholie, in: Der Nervenarzt (1981) 52, S. 154

26 ebenda, S. 153

27 ebenda, S. 160

Kontinuität

1 Hartmut Lehmann, Pietismus und weltliche Ordnung in Württemberg vom 17. bis zum 20. Jahrhundert, Stuttgart 1969, S. 12

2 Günther Bradler/Franz Quarthal, Zur Einführung, in: Von der Ständeversammlung zum demokratischen Parlament, hrsg. von der Landeszentrale für politische Bildung Baden-Württemberg, Stuttgart 1982, S. 15

3 ebenda

4 Wilhelm Feil, Geschichte der Oberamtsstadt Vaihingen an der Enz, Nachdruck 1979, Originalausgabe von 1933–1935, S. 180

5 Günter Cordes, Württembergischer Landtag bis 1918, in: Von der Ständeversammlung zum demokratischen Parlament, hrsg. von der Landeszentrale für politische Bildung Baden-Württemberg, Stuttgart 1982, S. 141

6 ebenda

7 Jörg Schadt/Wolfgang Schmierer, Einleitung, in: dies. (Hrsg.), Die SPD in Baden-Württemberg und ihre Geschichte, a.a.O., S. 22

8 Günter Cordes, Württembergischer Landtag bis 1918, a.a.O., S. 152

9 Thomas Schnabel, Einleitung, in: ders. (Hrsg.), Die Machtergreifung in Südwestdeutschland. Das Ende der Weimarer Republik in Baden und Württemberg 1928–1933, Stuttgart 1982, S. 12

10 Bericht der württembergischen politischen Polizei vom 20. 12 1931 – BA, NS 16/1404 – zitiert nach: Thomas Schnabel, Die NSDAP in Württemberg 1928–1933, in: ders. (Hrsg.), Die Machtergreifung in Südwestdeutschland, a.a.O., S. 49

11 Thomas Schnabel, Die NSDAP in Württemberg 1928–1933, a.a.O., S. 49

12 Nach: ebenda, S. 60

13 Thaddäus Troll, Deutschland deine Schwaben, Reinbek 1970, S. 41

14 Walter Grube, Vogteien, Ämter, Landkreise in der Geschichte Südwestdeutschlands, a.a.O., S. 65

15 ebenda, S. 74 f.

16 ebenda, S. 77

17 ebenda, S. 83

18 ebenda

19 ebenda

20 Georg Christoph von Unruh, Der Kreis – Ursprung, Wesen und Wandlungen, a.a.O., S. 37 f.

21 Harald Winkel, Wirtschaftliche Entwicklung in Baden und Württemberg, in: Alfred E. Ott (Hrsg.), Die Wirtschaft des Landes Baden-Württemberg, Stuttgart 1983, S. 19

22 Martin Scharfe, Wolfgang Kaschuba, Carola Lipp, Infrastrukturpolitik und Wirtschaftsentwicklung. Eine Fallstudie aus der Zeit der württembergischen Frühindustrialisierung, in: Der Bürger im Staat, Heft 1, 1977, S. 45

23 Wendelgard von Staden, Nacht über dem Tal, Düsseldorf/Köln 1979, S. 12

24 Hermann Bausinger, Zur politischen Kultur Baden-Württembergs, a.a.O., S. 25

25 Friedrich-Franz Wauschkuhn, Staatliche Gewerbepolitik und frühindustrielles Unternehmertum in Württemberg von 1806 bis 1848, in: Erich Maschke, Jürgen Sydow (Hrsg.), Zur Geschichte der Industrialisierung in den südwestdeutschen Städten, Sigmaringen 1977, S. 15 f.

26 Harald Winkel, Wirtschaftliche Entwicklung in Baden und Württemberg, a.a.O., S. 25

27 ebenda

28 Klaus Megerle, Württemberg im Industrialisierungprozeß Deutschlands. Ein Beitrag zur regionalen Differenzierung der Industrialisierung, Stuttgart 1982, S. 181

29 Harald Winkel, a.a.O., S. 26

30 Thomas Schnabel, Warum geht es den Schwaben besser? Württemberg in der Weltwirtschaftskrise 1928–1933, in: ders. (Hrsg.), Die Machtergreifung in Südwestdeutschland. Das Ende der Weimarer Republik in Baden und Württemberg 1928–1933, Stuttgart 1982, S. 194

31 Thomas Schnabel, Einleitung, a.a.O., S. 12

32 Eugen Heck, Ensinger Bilderbogen, Ensingen 1971, S. 16

33 Culturbilder aus Württemberg. Von einem Norddeutschen, Reprint Reutlingen 1974, S. 56 f. (Erstauflage 1886)

34 Thaddäus Troll, Preisend mit viel schönen Reden, Reinbek 1975, S. 174

Gemeindepolitik = Sachpolitik

1 Hans-Peter Biege, Georg Fabritius, H.-Jörg Siewert, Hans-Georg Wehling, Zwischen Persönlichkeitswahl und Parteientscheidung, Königstein/Ts. 1978, S. 53 f.

2 Hans-Georg Wehling, H.-Jörg Siewert, Der Bürgermeister in Baden-Württemberg, Stuttgart 1984, S. 84

3 Heinz Huber, Der Fachbeamte in den Gemeinden Baden-Württembergs, Stuttgart 1962, S. 23

4 Hans-Georg Wehling, H.-Jörg Siewert, a.a.O., S. 85 f.

5 ebenda, S. 70 ff.

6 Thomas Schnabel, Zwischen Weltwirtschaftskrise und Besatzungszeit. Die Entwicklung Württembergs in den Jahren 1928 bis 1945/46, Diss. Freiburg i. Br. 1984, S. 151

7 Gerhard Lehmbruch, Der Januskopf der Ortsparteien, in: Der Bürger im Staat, Heft 1/1975, S. 6

8 ebenda, S. 7

9 Albert Jakob, Das Ende der Dorfpolitik, in: Der Bürger im Staat, Heft 1/1975, S. 26

10 Walter Grube, Vogteien, Ämter, Landkreise in der Geschichte Südwestdeutschlands, a.a.O., S. 41

11 Max Weber, Wirtschaft und Gesellschaft. Grundriß der verstehenden Soziologie, Tübingen [5]1976, S. 21

12 ebenda, S. 22

13 Kurt Schilling, Geschichte der sozialen Idee, Stuttgart [2]1966, S. 14

BADEN: DAS LAND UND SEINE GESCHICHTE

1 Karl Julius Weber, Reise durch das Großherzogtum Baden, Reprint Stuttgart 1979, S. 26 (Erstauflage 1826)

2 Lothar Gall, Gründung und politische Entwicklung des Großherzogtums bis 1848, in: Badische Geschichte. Vom Großherzogtum bis zur Gegenwart, hrsg. von der Landeszentrale für politische Bildung Baden-Württemberg, Stuttgart 1979, S. 12

3 Willy Andreas, Geschichte der badischen Verwaltungsorganisation und Verfassung in den Jahren 1802–1818, Leipzig 1913, S. 1

4 Paul Rothmund, Die Anfänge des Liberalismus in Baden, in: ders./ Erhard R. Wiehn (Hrsg.), Die FDP/DVP in Baden-Württemberg und ihre Geschichte, Stuttgart 1979, S. 30

5 Lothar Gall, Der Liberalismus als regierende Partei. Das Großherzogtum Baden zwischen Restauration und Reichsgründung, Wiesbaden 1968, S. 8

6 Lothar Gall, Gründung und politische Entwicklung des Großherzogtums bis 1848, a.a.O., S. 22 f.

7 Hans Fenske, Der liberale Südwesten, Stuttgart 1981, S. 88

8 Franz X. Vollmer, Die 48er Revolution in Baden, in: Badische Geschichte. Vom Großherzogtum bis zur Gegenwart, hrsg. von der Landeszentrale für politische Bildung Baden-Württemberg, Stuttgart 1979, S. 41

9 ebenda, S. 64

10 Thomas Schnabel, Einleitung, in: ders. (Hrsg.), Die Machtergreifung in Südwestdeutschland, a.a.O., S. 11

192

1 Amadeus Siebenpunkt, Deutschland deine Badener, a.a.O., S. 11
2 Lothar Gall, Gründung und politische Entwicklung des Großherzogtums bis 1848, a.a.O., S. 20
3 Karl S. Bader, Die badische Verfassung von 1818 und ein Jahrhundert badischer Verfassungswirklichkeit, in: Alfons Schäfer (Hrsg.), Oberrheinische Studien, Band II, Karlsruhe 1973, S. 52 f.
4 ebenda, S. 53

Ungereimtheiten

1 Walter Grube, Vogteien, Ämter, Landkreise in der Geschichte Südwestdeutschlands, a.a.O., S. 91
2 Josef Becker, Der badische Kulturkampf und die Problematik des Liberalismus, in: Badische Geschichte. Vom Großherzogtum bis zur Gegenwart, hrsg. von der Landeszentrale für politische Bildung Baden-Württemberg, Stuttgart 1979, S. 98
3 ebenda, S. 99
4 Heinz Striebich, Konfession und Partei. Ein Beitrag zur Entwicklung der politischen Willensbildung im alten Lande Baden, Diss. Heidelberg 1955, S. 19
5 Lothar Gall, Die partei- und sozialgeschichtliche Problematik des badischen Kulturkampfes, in: Zeitschrift für die Geschichte des Oberrheins, 113. Band (NF 74. Band), Karlsruhe 1965, S. 170 f.
6 Martin Offenbacher, Konfession und soziale Schichtung. Eine Studie über die wirtschaftliche Lage der Katholiken und Protestanten in Baden, Tübingen und Leipzig 1900
7 ebenda, S. 16 f.
8 Hugo Ott, Die wirtschaftliche und soziale Entwicklung von der Mitte des 19. Jahrhunderts bis zum Ende des Ersten Weltkriegs, in: Badische Geschichte. Vom Großherzogtum bis zur Gegenwart, hrsg. von der Landeszentrale für politische Bildung Baden-Württemberg, Stuttgart 1979, S. 111
9 ebenda
10 Josef Becker, Der badische Kulturkampf und die Problematik des Liberalismus, a.a.O., S. 99
11 Heinz Bischof, Typisch badisch, Frankfurt a.M./Berlin/Wien 1984, S. 7

12 Amadeus Siebenpunkt, Deutschland deine Badener, a.a.O., S. 7

13 Eugen Fehrle, Badische Volkskunde, Reprint Frankfurt a. M. 1979, Seite XI (Erstauflage 1924)

14 Lothar Gall, Der Liberalismus als regierende Partei, a.a.O., S. 6 f.

15 ebenda, S. 7

16 Wilhelm Heinrich Riehl, Die Pfälzer, Reprint Neustadt/Weinstraße 1973, S. 234 (Erstauflage 1857)

17 Johann Caspar Bluntschli, Denkwürdiges aus meinem Leben, hrsg. von R. Seyerlein, dritter Teil, Nördlingen 1884, S. 6

18 Wolfram Fischer, Staat und Gesellschaft Badens im Vormärz, in: ders., Wirtschaft und Gesellschaft im Zeitalter der Industrialisierung, Göttingen 1972, S. 93

19 Franz X. Vollmer, Vormärz und Revolution 1848/49 in Baden, Frankfurt a. M. 1979, S. 33

20 Franz X. Vollmer, Die 48er Revolution in Baden, in: Badische Geschichte. Vom Großherzogtum bis zur Gegenwart, a.a.O., S. 43

21 Lothar Gall, Gründung und politische Entwicklung des Großherzogtums bis 1848, a.a.O., S. 20 f.

22 ebenda, S. 35 f.

23 ebenda, S. 36

24 Walter Grube, Vogteien, Ämter, Landkreise in der Geschichte Südwestdeutschlands, a.a.O., S. 86

25 ebenda, S. 90

26 Franz Laubenberger, Stadtrechte, Stadtverfassung, Verwaltung, Stadtgericht, in: Walter Bernhardt (Hrsg.), Acht Jahrhunderte Stadtgeschichte, Sigmaringen 1981, S. 24

27 Walter Grube, Vogteien, Ämter, Landkreise in der Geschichte Südwestdeutschlands, a.a.O., S. 91

28 Rudolf Schirmer, Die Verwirklichung des Systems der repräsentativen Demokratie in der badischen Gemeindeverfassung, Diss. Freiburg/Br. 1933, S. 43

29 Hans-Georg Wehling, H.-Jörg Siewert, a.a.O., S. 52

30 Peter Lahnstein, Württemberg anno dazumal, a.a.O., S. 88 f.

31 Hans-Georg Wehling, H.-Jörg Siewert, a.a.O., S. 52

Grenzenlose Freiheit

1 Paul Rothmund, Die Anfänge des Liberalismus in Baden, a.a.O., S. 31

2 Jugenderinnerungen Großherzog Friedrichs I. von Baden 1826–1847, hrsg. und eingeleitet von Karl Obser, Heidelberg 1921, S. 102

3 Julius Martin Müller, Das Kirchenwesen in Baden-Württemberg, in: Reinhard Appel, Max Müller, Jan Ph. Schmitz (Hrsg.), Baden-Württemberg, Karlsruhe 1961, S. 142

4 Friedrich von Weech, Baden in den Jahren 1852 bis 1877, Karlsruhe 1877, S. 7

5 Heinrich Köhler, Lebenserinnerungen des Politikers und Staatsmannes, hrsg. von Josef Becker, Stuttgart 1964, S. 155

6 ebenda, S. 18

7 Heinrich Hansjakob, Aus meiner Jugendzeit, Freiburg i. Br. 1960, S. 233 f. (Erstauflage 1880)

8 Eduard Kaiser, Aus alten Tagen. Lebenserinnerungen eines Markgräflers 1815–1875, Weil am Rhein 1981, S. 99 (Erstauflage 1910)

9 Bernd Ottnad, Politische Geschichte von 1850 bis 1918, in: Badische Geschichte. Vom Großherzogtum bis zur Gegenwart, hrsg. von der Landeszentrale für politische Bildung Baden-Württemberg, Stuttgart 1979, S. 68

10 Hermann Lauer, Geschichte der katholischen Kirche im Großherzogtum Baden, Freiburg i. Br. 1908, S. 368

11 Helmut Bier, Der Kampf um die badische Simultanschule in Vergangenheit und Gegenwart, Pforzheim 1929 (Diss. Erlangen), S. 63

12 Hans Fenske, Der liberale Südwesten, a.a.O., S. 13 f.

13 Elard Hugo Meyer, Badisches Volksleben im neunzehnten Jahrhundert, Straßburg 1900, S. 192

Diskontinuitäten

1 Lothar Gall, Gründung und politische Entwicklung des Großherzogtums bis 1848, a.a.O., S. 13

2 Fritz Dürr, Die geschichtliche Entwicklung der Gemeindevertretung in Baden, Diss. Heidelberg 1933, S. 15

3 Walter Grube, Vogteien, Ämter, Landkreise in der Geschichte Südwestdeutschlands, a.a.O., S. 90

4 Hans Fenske, Der liberale Südwesten, a.a.O., S. 109

5 Bernd Ottnad, Politische Geschichte von 1850 bis 1918, a.a.O., S. 77

6 Hans-Georg Zier, Politische Geschichte Badens 1918 und 1933, in: Badische Geschichte. Vom Großherzogtum bis zur Gegenwart, hrsg.

von der Landeszentrale für politische Bildung Baden-Württemberg, Stuttgart 1979, S. 150

7 ebenda

8 Walter Grube, Vogteien, Ämter, Landkreise in der Geschichte Südwestdeutschlands, a.a.O., S. 90

9 Harald Winkel, Wirtschaftliche Entwicklung in Baden und Württemberg, a.a.O., S. 20

10 ebenda

11 ebenda

12 Hermann Schäfer, Regionale Wirtschaftspolitik in der Kriegswirtschaft. Staat, Industrie und Verbände in der Zeit des Ersten Weltkrieges in Baden, Stuttgart 1983, S. 359

13 Harald Winkel, Wirtschaftliche Entwicklung in Baden und Württemberg, a.a.O., S. 26

14 ebenda, S. 27

15 Hermann Schäfer, Wirtschaftliche und soziale Probleme des Grenzlandes, in: Badische Geschichte. Vom Großherzogtum bis zur Gegenwart, hrsg. von der Landeszentrale für politische Bildung Baden-Württemberg, Stuttgart 1979, S. 182

Gemeindepolitik = Parteipolitik

1 Hans-Georg Wehling, H.-Jörg Siewert, a.a.O., S. 83 f.

2 ebenda, S. 85 f.

3 Arnold Bergstraesser, Friedrich H. Tenbruck, Barbara Fülgraff, Hans Oswald (Hrsg.), Soziale Verflechtungen und Gliederungen im Raum Karlsruhe, Karlsruhe 1965, S. 146

4 Paul-Ludwig Weinacht, Tilman Mayer, Ursprung und Entfaltung christlicher Demokratie in Südbaden, Sigmaringen 1982, S. 39

5 Heinz Striebich, a.a.O., S. 109

6 Hans Georg Wieck, Christliche und Freie Demokraten in Hessen, Rheinland-Pfalz, Baden und Württemberg 1945/46, Düsseldorf 1958, S. 133. Der Katholikenanteil unter der Gesamtbevölkerung dieser Region betrug 48,8 %.

7 Nach: Paul-Ludwig Weinacht (Hrsg.), Die CDU in Baden-Württemberg und ihre Geschichte, Stuttgart 1978, passim

8 Daten zu Bretten: Benita Luckmann, Politik in einer deutschen Kleinstadt, Stuttgart 1970, S. 275; Daten zu Karlsruhe: Arnold Bergstraesser u. a. (Hrsg.), Soziale Verflechtungen und Gliederung im

Raum Karlsruhe, a.a.O., S. 149; Daten zu Reutlingen: Hans-Peter Biege, Georg Fabritius, H.-Jörg Siewert, Hans-Georg Wehling, Zwischen Persönlichkeitswahl und Parteienentscheidung, a.a.O., S. 234; Daten zu Ravensburg: Berthold Löffler, Walter Rogg, Determinanten kommunalen Wahlverhaltens in Baden-Württemberg – dargestellt am Beispiel der Stadt Ravensburg, Diss. Tübingen 1985, S. 502

9 Henning Dunckelmann, Lokale Öffentlichkeit, Stuttgart 1975, S. 109

10 Thomas Nipperdey, Deutsche Geschichte 1800–1866, München 1983, S. 265

11 ebenda, S. 174

12 ebenda, S. 266

13 ebenda, S. 267

14 Friedrich H. Tenbruck, Wilhelm A. Ruopp, Modernisierung – Vergesellschaftung – Gruppenbildung – Vereinswesen, in: Kölner Zeitschrift für Soziologie und Sozialpsychologie, Sonderheft 25/1983, S. 68

15 Max Weber, Wirtschaft und Gesellschaft, a.a.O., S. 21

Politische Kultur: Exkurs zu Theorie und Methode

1 Zum Idealtypus: Max Weber, Wirtschaft und Gesellschaft, a.a.O., S. 1–11. Max Weber, Die Objektivität sozialwissenschaftlicher und sozialpolitischer Erkenntnis. In: ders., Gesammelte Aufsätze zur Wissenschaftslehre, Tübingen ⁴1973, S. 146–214

2 Martin Greiffenhagen, Sylvia Greiffenhagen, Rainer Prätorius, Vorwort der Herausgeber, in: dies. (Hrsg.), Handwörterbuch zur politischen Kultur der Bundesrepublik Deutschland, Opladen 1981, S. 5

3 Hans-Georg Wehling, Regionen, a.a.O., S. 420

4 ebenda, S. 421

Literaturverzeichnis

Andreas, Willy: Geschichte der badischen Verwaltungsorganisation und Verfassung in den Jahren 1802–1818. Leipzig 1913

Bader, Karl Siegfried: Die badische Verfassung von 1818 und ein Jahrhundert badischer Verfassungswirklichkeit. In: Schäfer, Alfons (Hrsg.): Oberrheinische Studien, Band II. Karlsruhe 1973

–: Zur politischen und rechtlichen Entwicklung Badens. In: ders. (Hrsg): Baden im 19. und 20. Jahrhundert. Verfassungs- und Verwaltungsgeschichtliche Studien, Band I. Karlsruhe 1948

Badische Geschichte. Vom Großherzogtum bis zur Gegenwart, hrsg. von der Landeszentrale für politische Bildung Baden-Württemberg. Stuttgart 1979

Bausinger, Hermann: Zur politischen Kultur Baden-Württembergs. In: ders., Theodor Eschenburg u. a.: Baden-Württemberg. Eine politische Landeskunde. Stuttgart 1975

Becker, Josef: Liberaler Staat und Kirche in der Ära von Reichsgründung und Kulturkampf. Geschichte und Strukturen ihres Verhältnisses in Baden 1860–1876. Mainz 1973

Biege, Hans-Peter, Georg Fabritius, Hans-Jörg Siewert, Hans-Georg Wehling: Zwischen Persönlichkeitswahl und Parteientscheidung. Königstein/Ts. 1978

Bischof, Heinz: Typisch badisch. Frankfurt a. M./Berlin/Wien 1984

Bischoff-Luithlen, Angelika: Bräuche, Lebensformen und Rechtsverordnungen in Altwürttemberg. In: Hampp, Irmgard und Peter Assion (Hrsg.), Forschungen und Berichte zur Volkskunde in Baden-Württemberg (Band 1). Stuttgart 1973

–: Dorf war nie gleich Dorf. In: Der Bürger im Staat, Heft 1, 1980

–: Von Amtsstuben, Backhäusern und Jahrmärkten. Ein Lese- und

Nachschlagebuch zum Dorfalltag im alten Württemberg und Baden. Stuttgart 1979

Cordes, Günter: Württembergischer Landtag bis 1918. In: Von der Ständeversammlung zum demokratischen Parlament, hrsg. von der Landeszentrale für politische Bildung Baden-Württemberg. Stuttgart 1982

Culturbilder aus Württemberg. Von einem Norddeutschen. Reprint Reutlingen 1974 (Erstauflage 1886)

Dehlinger, Alfred: Württembergisches Staatswesen. Stuttgart 1951

Eschenburg, Theodor: Die Entstehung Baden-Württembergs. In: Bausinger, Hermann, Theodor Eschenburg u. a., Baden-Württemberg. Eine politische Landeskunde. Stuttgart 1975

Fehrle, Eugen: Badische Volkskunde. Reprint Frankfurt a. M. 1979 (Erstauflage 1924)

Fenske, Hans: Der liberale Südwesten. Stuttgart 1981

Fischer, Wolfram: Staat und Gesellschaft Badens im Vormärz. In: ders.: Wirtschaft und Gesellschaft im Zeitalter der Industrialisierung. Göttingen 1972

Gall, Lothar: Der Liberalismus als regierende Partei. Das Großherzogtum Baden zwischen Restauration und Reichsgründung. Wiesbaden 1968

–: Die partei- und sozialgeschichtliche Problematik des badischen Kulturkampfes. In: Zeitschrift für Geschichte des Oberrheins, 113. Band (NF 74. Band). Karlsruhe 1965

Gestrich, J., H.-W. Schied, W. Blank. W. Weise und H. Heimann: Depressive Erkrankungen bei Schwaben und Heimatvertriebenen. Ein epidemiologischer Beitrag zur Frage der höheren Neigung der Schwaben zur Melancholie. In: Der Nervenarzt (1981) 52

Greiffenhagen, Martin, Sylvia Greiffenhagen und Rainer Prätorius (Hrsg.): Handwörterbuch zur politischen Kultur der Bundesrepublik Deutschland. Opladen 1981

Grube, Walter: Stände in Württemberg. In: Von der Ständeversammlung zum demokratischen Parlament. Die Geschichte der Volksvertretungen in Baden-Württemberg, hrsg. von der Landeszentrale für politische Bildung Baden-Württemberg. Stuttgart 1982

–: Der Stuttgarter Landtag 1457–1957. Von den Landständen zum demokratischen Parlament. Stuttgart 1957

–: Vogteien, Ämter, Landkreise in der Geschichte Südwestdeutschlands. Stuttgart ²1960

Hansjakob, Heinrich: Aus meiner Jugendzeit. Freiburg i. Br. 1960 (Erstauflage 1880)

Huber, Heinz: Der Fachbeamte in den Gemeinden Baden-Württembergs. Stuttgart 1962

Jakob, Albert: Das Ende der Dorfpolitik. In: Der Bürger im Staat, Heft 1,1975

Kaiser, Eduard: Aus alten Tagen. Lebenserinnerungen eines Markgräflers 1815–1875. Weil am Rhein 1981 (Erstauflage 1910)

Köhler, Heinrich: Lebenserinnerungen des Politikers und Staatsmannes, hrsg. von Josef Becker. Stuttgart 1964

Lahnstein, Peter: Württemberg anno dazumal. Stuttgart 1964

Langewiesche, Dieter: Liberalismus und Demokratie in Württemberg zwischen Revolution und Reichsgründung. Düsseldorf 1974

Lauer, Hermann: Geschichte der katholischen Kirche im Großherzogtum Baden. Freiburg i. Br. 1908

Lehmann, Hartmut: Pietismus und weltliche Ordnung in Württemberg vom 17. bis zum 20. Jahrhundert. Stuttgart 1969

Lehmbruch, Gerhard: Der Januskopf der Ortsparteien. In: Der Bürger im Staat, Heft 1,1975

Luckmann, Benita: Politik in einer deutschen Kleinstadt. Stuttgart 1970

Megerle, Klaus: Württemberg im Industrialisierungsprozeß Deutschlands. Ein Beitrag zur regionalen Differenzierung der Industrialisierung. Stuttgart 1982

Meyer, Elard Hugo: Badisches Volksleben im neunzehnten Jahrhundert. Straßburg 1900

Nipperdey, Thomas: Deutsche Geschichte 1800–1866. München 1983

–: Verein als soziale Struktur in Deutschland im späten 18. und frühen 19. Jahrhundert. Eine Fallstudie zur Modernisierung I. In: ders.: Gesellschaft, Kultur, Theorie. Gesammelte Aufsätze zur neueren Geschichte. Göttingen 1976

Noelle-Neumann, Elisabeth: Badener und Württemberger. Eine demoskopische Randnotiz. In: Eschenburg, Theodor und Ulrich Frank-Planitz (Hrsg.): Republik im Stauferland. Stuttgart 1977

Obser, Karl (Hrsg.): Jugenderinnerungen Großherzog Friedrich I. von Baden 1826–1847. Heidelberg 1921

Offenbacher, Martin: Konfession und soziale Schichtung. Eine Studie über die wirtschaftliche Lage der Katholiken und Protestanten in Baden. Tübingen und Leipzig 1900

Philippi, Hans: Das Königreich Württemberg im Spiegel der preußi-

schen Gesandtschaftsberichte 1871–1914. Stuttgart 1972 (Veröffent-
lichungen der Kommission für geschichtliche Landeskunde in Baden-Württemberg, Reihe B, Forschungen 65. Band)

Riehl, Wilhelm Heinrich: Die Pfälzer. Reprint Neustadt/Weinstraße
1973 (Erstauflage 1857)

Rothmund, Paul und Erhard R. Wiehn (Hrsg.): Die FDP/DVP in Baden-
Württemberg und ihre Geschichte. Stuttgart 1979

Schadt, Jörg, und Wolfgang Schmierer (Hrsg.): Die SPD in Baden-
Württemberg und ihre Geschichte. Stuttgart 1979

Schäfer, Hermann: Regionale Wirtschaftspolitik in der Kriegswirtschaft. Staat, Industrie und Verbände in der Zeit des Ersten Weltkrieges in Baden. Stuttgart 1983

Schäffle, Albert: Beiträge zu einer vergleichenden Darstellung der
deutschen Gemeindeorganisation. In: Zeitschrift für die gesamte
Staatswissenschaft, 22, 1866

Scharfe, Martin: Die Religion des Volkes. Kleine Kultur- und Sozialgeschichte des Pietismus. Gütersloh 1980

Schmidt-Ebhausen, Friedrich: Kirchenkonvents-Protokolle als volkskundliche Quelle. In: ders.: Forschungen zur Volkskunde im Deutschen Südwesten. Stuttgart 1963

Schnabel, Thomas: Zwischen Weltwirtschaftskrise und Besatzungszeit.
Die Entwicklung Württembergs in den Jahren 1928 bis 1945/46. Diss.
Freiburg i. Br. 1984

Siebenpunkt, Amadeus: Deutschland deine Badener. Hamburg [3]1978

Staden, Wendelgard v.: Nacht über dem Tal. Düsseldorf/Köln 1979

Trautwein, Joachim: Religiosität und Sozialstruktur. Stuttgart 1972

Troll, Thaddäus: Deutschland deine Schwaben. Reinbek 1970

–: Preisend mit viel schönen Reden. Reinbek 1975

Vescovi, Gerhard: Hippokrates im Heckengäu. Stuttgart 1975

Vischer, Theodor Friedrich: Auch Einer. Eine Reisebekanntschaft.
Stuttgart/Berlin 1917

Vollmer, Franz: Vormärz und Revolution 1848/49 in Baden. Frankfurt a.
M. 1979

Wauschkuhn, Friedrich-Franz: Staatliche Gewerbepolitik und frühindustrielles Unternehmertum in Württemberg von 1806 bis 1848. In:
Maschke, Erich und Jürgen Sydow (Hrsg.): Zur Geschichte der Industrialisierung in den südwestdeutschen Städten. Sigmaringen 1977

Weber, Karl Julius: Reise durch das Großherzogtum Baden. Reprint
Stuttgart 1979 (Erstauflage 1826)

–: Reise durch das Königreich Württemberg. Reprint Stuttgart 1978 (Erstauflage 1826)

Weber, Max: Die protestantische Ethik und der Geist des Kapitalismus. Tübingen 1920

–: Wirtschaft und Gesellschaft. Grundriß der verstehenden Soziologie. Tübingen ^{5}1976

Weech, Franz von: Baden in den Jahren 1852 bis 1877. Karlsruhe 1877

Wehling, Hans-Georg, Die Entwicklung des Bürgermeisteramtes in Baden-Württemberg im 19. und 20. Jahrhundert. In: Schwäbische Heimat, Heft 3, 1984

–: Regionen. In: Greiffenhagen, Martin, Sylvia Greiffenhagen und Rainer Prätorius (Hrsg.): Handwörterbuch zur politischen Kultur der Bundesrepublik Deutschland. Opladen 1981

Wehling, Hans Georg und Hans-Jörg Siewert: Der Bürgermeister in Baden-Württemberg. Stuttgart 1984

Weinacht, Paul-Ludwig (Hrsg.): Die CDU in Baden-Württemberg und ihre Geschichte. Stuttgart 1978

Weinacht, Paul-Ludwig und Tilman Mayer: Ursprung und Entfaltung christlicher Demokratie in Südbaden. Sigmaringen 1982

Winkel, Harald: Wirtschaftliche Entwicklung in Baden und Württemberg. In: Ott, Alfred E. (Hrsg.): Die Wirtschaft des Landes Baden-Württemberg. Stuttgart 1983

Bücher über Baden-Württemberg
Bildbände – Landeskunde

Hermann Baumhauer
Baden-Württemberg
Bild einer Kulturlandschaft. 256
Seiten mit 156 ganzseitigen Farb-
tafeln. Großer Textbildband,
25 x 25,5 cm. Kunstleinen.

Otto Borst
Die heimlichen Rebellen
Schwabenköpfe aus fünf Jahr-
hunderten. 452 Seiten mit 28
Tafeln. Leinen.

Albrecht Brugger
Baden-Württemberg
Eine Landeskunde im Luftbild.
Mit Texten von Hermann Baum-
hauer und Erich Ruckgaber. 258
Seiten mit 161 Tafeln, davon 125 in
Farbe. Großformat 29,5 x 27 cm.
Leinen.

Traugott Haberschlacht
**Kleine Geschichte(n) von
Baden-Württemberg**
Verbürgtes, Überliefertes und Er-
fundenes von der Früh- bis zur
Späthzeit. 238 Seiten
mit 15 Federzeichnungen.
Kunstleinen.

Klaus Hoggenmüller/
Wolfgang Hug
Die Leute auf dem Wald
Alltagsgeschichte des Schwarz-
walds zwischen bäuerlicher
Tradition und industrieller Ent-
wicklung. 252 Seiten mit 52
Abbildungen auf 32 Tafeln.
Kunstleinen.

Das Land im Südwesten
Das Buch zur Fernsehserie des
SDR. Hrsg. von Willy Reschl.
160 Seiten mit 45 Abbildungen.
Kartoniert.

Unser Land Baden-Württemberg
Hrsg. von Ernst W. Bauer, Rainer
Jooß und Hans Schleuning.
335 Seiten mit 617 Abbildungen,
davon 331 in Farbe. Fester Einband.

Wurzeln des Wohlstands
Bilder und Dokumente südwest-
deutscher Wirtschaftsgeschichte.
Hrsg. von den Industrie- und
Handelskammern Baden-
Württembergs.
256 Seiten mit 390 Abbildungen,
davon 16 in Farbe. Fester Einband.

Konrad Theiss Verlag

Bücher über Baden-Württemberg
Archäologie – Landesgeschichte

Willi A. Boelcke
Wirtschaftsgeschichte
Baden-Württembergs
Von den Römern bis heute. 800
Seiten mit 169 Abbildungen auf
80 Tafeln. Kunstleinen.

Rainer Christlein
Die Alamannen
Archäologie eines lebendigen
Volkes. 298 Seiten mit 112 Tafeln,
davon 54 in Farbe, 135 Zeichnungen
und Karten im Text. Leinen.

Die Geschichte
Baden-Württembergs
Hrsg. von Reiner Rinker und Wil-
fried Setzler. 456 Seiten mit 203
Abbildungen auf 104 Tafeln,
15 Abbildungen im Text. Kunstleinen.

Die Kelten in Baden-Württemberg
Hrsg. von Kurt Bittel, Wolfgang
Kimmig und Siegwalt Schiek. 536
Seiten mit 438 Abbildungen, davon
30 in Farbe, mit Plänen, Karten
und Zeichnungen. Leinen.

Margot Klee
Archäologie-Führer
Baden-Württemberg
240 Seiten mit 120 Abbildungen
und Karten. Handliches Format.
Fester Einband.

Die Römer
in Baden-Württemberg
Hrsg. von Philipp Filtzinger,
Dieter Planck und Bernhard
Cämmerer. 732 Seiten mit 457
Abbildungen, davon 76 teils farbige
Tafeln, sowie Zeichnungen und
Karten. Leinen.

Urgeschichte
in Baden-Württemberg
Hrsg. von Hansjürgen Müller-Beck.
548 Seiten mit 270 Skizzen, Re-
konstruktionszeichnungen und
Fotos. Leinen.

Karl Weller/Arnold Weller
Württembergische Geschichte im
südwestdeutschen Raum
464 Seiten mit 64 Tafeln und
18 Karten. Leinen.

Konrad Theiss Verlag